D1722533

Robert Purtschert
Claudio Beccarelli
Thomas Notter

Legate-Marketing

Robert Purtschert
Claudio Beccarelli
Thomas Notter

Legate-Marketing

Theorie und Praxis im Fundraising
aus rechtlicher und ökonomischer Sicht

Haupt Verlag
Bern · Stuttgart · Wien

1. Auflage: 2006

Bibliografische Information der *Deutschen Nationalbibliothek*

Die Deutsche Nationalbibliothek verzeichnet diese Publikation in der Deutschen
Nationalbibliografie; detaillierte bibliografische Daten sind im Internet über http://dnb.d-nb.de abrufbar.

ISBN-13: 978-3-258-07099-5
ISBN-10:   3-258-07099-7

www.haupt.ch

Inhaltsverzeichnis

Abbildungsverzeichnis

Tabellenverzeichnis

Vorwort

Die Grundlage zu dieser Publikation bildet die im Jahre 2000 beim Verlag Haupt erschienene Schrift «Die Erbschaft für eine gute Sache» von Dr. Bruno Fäh (†) und Fürsprecher Thomas B. Notter.

Aus folgenden Gründen haben wir uns nicht für eine Neuauflage, sondern für eine komplette Überarbeitung und Erweiterung der Schrift entschlossen:

1. Die **finanzielle Bedeutung der Legate für soziale und soziokulturelle Nonprofit-Organisationen (NPO) nimmt stetig zu.** Dies hat nicht nur mit der zunehmenden Wettbewerbsintensität im Bereich der Ressourcenbeschaffung und dem stagnierenden Mittelzufluss aus herkömmlichen Fundraising-Instrumenten zu tun, sondern auch mit dem Altersaufbau der Bevölkerung und einem noch nie da gewesenen Altersreichtum.

2. Obwohl die Bedeutung des Legate-Marketing allgemein anerkannt wird, existieren bisher **kaum wissenschaftliche Studien** zu diesem Thema und vor allem auch **kein Management-Ansatz**, d.h. eine Vorstellung von konkreten Vorgehensweisen und Heuristiken zur Lösung der mit der Legatsuche verbundenen Management-Problemen. Die vorliegende Publikation stützt sich zum einen auf Erkenntnisse internationaler Forschungsprojekte im Bereich des Legate-Marketing und zum anderen auf eigene Befragungen und Erhebungen.

3. Dieses Buch wird in den Fundraising-Lehrgängen des VMI eingesetzt. Deshalb war es nahe liegend, auch diesem Band das **Management-Konzept des Freiburger Management-Modells für NPO zugrunde zu legen.** Dies erleichtert den Studierenden den Zugang wesentlich.

Dr. Bruno Fäh(†), dem Begründer und Förderer des professionellen Fundraising in der Schweiz, sei diese Schrift gewidmet. Fürsprecher Thomas B. Notter hat sich wiederum der rechtlichen Fragen angenommen, während Dr. Claudio Beccarelli und Professor Dr. Robert Purtschert sich den internationalen Forschungsergebnissen und Management-Aspekten zuwandten.

Im Rahmen dieses Buchprojektes durften wir auf die Hilfe und Unterstützung zahlreicher Personen zählen:

- Frau Ruth Wagner von one marketing services, Zürich, die uns interne Befragungsresultate zu Testamenten, Erbschaften und Legate zur Verfügung gestellt hat.

- Claudia Kaeser und Dr. phil. Karl Zimmermann, welche mit grosser Sorgfalt die Drucklegung vorbereitet haben.

- Dem Verleger Matthias Haupt und seinem Team danken wir für die langjährige Kooperation und die Bereitschaft, auch diese Publikation in sein Verlagsprogramm aufzunehmen.

Möge dieses Buch bei den Studierenden und Praktikern, die sich mit Fragen des Legate-Marketing befassen, eine gute Aufnahme finden.

Freiburg/CH, April 2006

Robert Purtschert
Claudio Beccarelli
Thomas B. Notter

1　Einführung

1.1　Problemstellung

Ein starkes Wachstum und eine zunehmende gesellschaftliche Bedeutung prägen den gemeinnützigen Sektor weltweit. Gleichzeitig gerät der moderne Wohlfahrtsstaat bei der Bereitstellung von öffentlichen Gütern immer mehr in finanzielle Schwierigkeiten. Um ihren gemeinnützigen Zweck zu erfüllen, sind NPO auf Ressourcen angewiesen. Vor dem Hintergrund einer angespannten Finanzsituation haben viele NPO seit Anfang der 1990er Jahre grosse Anstrengungen im Bereich des Legate-Marketing unternommen. Im Gegensatz zu den öffentlichen Beiträgen und den Einnahmen aus Sammlungsaktionen haben sich die Einnahmen aus Legaten positiv entwickelt und sind inzwischen für viele gemeinnützige Organisationen zu einem unerlässlichen Finanzierungsinstrument geworden. Wenn man davon ausgeht, dass das Gesamtvermögen der in der Schweiz wohnhaften Personen weit über 900 Milliarden Franken beträgt und jährlich rund 30 Milliarden – für das Jahr 2000 wurde ein Betrag von 28,5 Milliarden errechnet (vgl. Bauer/Schmugge 2005a, 15) – vererbt werden, so machen die Legate an Institutionen im öffentlichen Wohl bei einem Betrag von schätzungsweise rund 200 Millionen nur 0,67 % aus.

Die Ressourcenbeschaffung erfolgt vor dem Hintergrund von drei zentralen Entwicklungstendenzen im Dritten Sektor (vgl. Helmig/Purtschert/Beccarelli 2005, 5 f.):

1. *Der Dritte Sektor ist weltweit auf Wachstumskurs:* In den vergangenen Jahrzehnten nahm die Zahl der NPO weltweit stark zu, während gleichzeitig die Grossverbände wie Kirchen, Parteien und Gewerkschaften einen erheblichen Mitgliederschwund zu verzeichnen hatten (vgl. Anheier 2003, 38 ff.).

2. *Zunehmende Ökonomisierung und Kommerzialisierung des Dritten Sektors:* Nach der Ökonomisierung zeichnet sich nun seit einigen Jahren eine zunehmende Kommerzialisierung des Nonprofit-

1

Sektors ab. Dies führt insbesondere auch zu einer verschärften Wettbewerbssituation. Die Konkurrenz beschränkt sich dabei nicht nur auf den Leistungs- oder Absatzbereich, sondern zeigt sich auch in einem Verdrängungswettbewerb im Ressourcenbereich. NPO stehen dabei in einem zunehmenden Wettbewerb mit privatwirtschaftlichen Anbietern und öffentlichen Gebietskörperschaften (vgl. Weisbrod 1998b, 1 ff.; Dees 1998, 55 ff., Ryan 1999, 127 ff.).

3. *Internationalisierung:* Seit Beginn der 1980er Jahre ist die Internationalisierung des Dritten Sektors unübersehbar vorangeschritten. Ganz generell lässt sich bei den Organisationen des Dritten Sektors eine Tendenz zur Internationalisierung bzw. Globalisierung, zu länderübergreifender Trägerschaft sowie internationalen Input- und Outputverflechtungen feststellen (vgl. Anheier/Cunningham 2001; Tvedt 2002; Bumbacher 2004).

Die steigende Zahl gemeinnütziger Institutionen sowie die wachsende Konkurrenz von internationalen NPO führen im Ressourcenbereich zu einem zunehmenden Verdrängungswettbewerb zwischen den Institutionen. Zudem drängen neue Akteure in den Spendenmarkt wie ehemals staatliche Institutionen, Kultur- und Bildungsinstitutionen. Es ist absehbar, dass die Wettbewerbsintensität weiter zunehmen wird (vgl. Krummenacher 2005, 215 ff.).

Vor dem Hintergrund einer verschärften Konkurrenzsituation in einem weitgehend gesättigten Markt wird dem Legate-Marketing ein grosses Wachstumspotenzial attestiert. Die Kernfrage besteht nun darin, wie aktiv die NPO die Legatsuche angehen kann. So handelt es sich beim Legate-Marketing um ein höchst komplexes Unterfangen, das hohe Anforderungen an die Organisationen stellt. Das grundlegende Element einer jeden Legatsvergabe ist das Vertrauen, das der Spender der Organisation entgegenbringt. Die Bildung und Pflege von Vertrauen sind folglich der Kernpunkt jeder Legatspolitik.

Seit Beginn der 1990er Jahre sind führende NPO zu einer aktiven Legatspolitik übergegangen. Nach etwelchen Widerständen – nicht zuletzt innerhalb der eigenen Organisation – hat sich hier etwas herausgebildet, das man als

«Methode der Legatsuche» bezeichnen kann. Zur Legatsuche gehören eine klare Politik der Institution, die tragende innere Einstellung der Mitglieder von Vorstand und Geschäftsleitung, die Motivation der Mitarbeitenden, der Einbezug der Infrastruktur im Sinne von Mitgliedern und freiwilligen Helfern, und nicht zuletzt die systematische Information der Spender, dass die Institution auf Legate angewiesen ist, diese gerne entgegennimmt und sie bei deren Eintreffen wirkungsvoll einsetzen kann.

Nur gerade 30 % der befragten Schweizer NPO betreiben systematisch Legate-Marketing. Drei Viertel der Organisationen haben erst in den vergangenen fünf Jahren mit einer Systematisierung der Legate-Aktivitäten begonnen. Das Legate-Marketing dürfte dabei in absehbarer Zukunft noch stärker an Bedeutung gewinnen. 60 % der befragten Organisationen gehen von einem steigenden Anteil der Legate-Einnahmen an den Gesamteinnahmen aus (vgl. Purtschert 2006, 2 ff.).

Der gemeinnützige Sektor profitiert dabei von einem noch nie da gewesenen Altersreichtum. Die Menschen werden immer älter, und bei einer anfallenden Erbschaft sind die Nachkommen – mittlerweile ebenfalls bereits zwischen 50 und 60 Jahre alt – finanziell ausreichend versorgt. Der zunehmenden Bedeutung der Legate für die Finanzierung von NPO und der Komplexität dieser Marketingaufgabe steht das beinahe gänzliche Fehlen von wissenschaftlichen Erkenntnissen und Empfehlungen zum Legate-Marketing gegenüber. Über das Phänomen des Erbens in der Schweiz ist allgemein nur sehr wenig bekannt, und es besteht weder eine theoretische noch ein statistisch umfassende Grundlage. «Legacies are the last bastion of poor marketing in the charity sector.» (Pidgeon 2005, 1). Allein der Umstand, dass in Grossbritannien Legate inzwischen 28 % der Fundraising-Einnahmen bei den 500 grössten Charities – bei einzelnen Organisationen betragen die Einnahmen aus Legaten gar 50 % und mehr der Gesamteinnahmen – ausmachen, lässt darauf schliessen, dass in diesem Bereich noch ein grosses unausgeschöpftes Potenzial besteht (vgl. Sargeant/Jay 2004, 193). Die vorliegende Publikation soll in Anknüpfung an Fäh/Notter 2000 einen Beitrag zur Schliessung dieser Forschungslücke leisten.

1.2 Zielsetzung

Eine erfolgreiche Legatsuche verlangt von der Institution nicht nur eine sorgfältige Planung und Ausführung sowie die Akzeptanz und das Einverständnis sämtlicher Beteiligter betreffend das Anliegen und dessen Methoden, sondern auch eine vertrauensvolle Beziehung zu möglichen Legate-Spendern. Die vorliegende Publikation verfolgt die folgenden Ziele:

1. Theoretische Einführung in das Themengebiet des Legate-Marketing

2. Einbindung des Legate-Marketing in ein übergeordnetes Fundraising-Konzept und die operative Fundraising-Planung

3. Vermittlung rechtlicher Grundlagen zum Legate-Marketing

Das Buch richtet sich in erster Linie an Praktiker in NPO, die sich mit der Thematik des Legate-Marketing vertraut machen möchten, aber auch an potenzielle Spender und weitere Interessierte.

1.3 Aufbau

Die vorliegende Publikation gliedert sich in fünf Teile:

In der **Einführung** wurde kurz die Problemstellung dieser Arbeit dargestellt, ehe auf Ziele, Zielgruppen und Aufbau näher eingegangen wird.

Im **zweiten Kapitel** wird die Einordnung des Legate-Marketing in das Fundraising erörtert. Zuerst werden kurz die theoretischen Grundlagen der privaten Mittelbeschaffung besprochen, insbesondere die Frage der Finanzierung von NPO. Danach folgen die Ausführungen zur Verankerung des Legate-Marketing in der Spendenpolitik, im Fundraising-Konzept und in der operativen Legate-Planung. Den konzeptionellen Rahmen bildet das Freiburger Management-Modell für NPO.

Das **dritte Kapitel** ist sodann den rechtlichen – insbesondere erbrechtlichen – Grundlagen des Legate-Marketing gewidmet. Das Erbrecht findet sich im dritten Teil des Schweizerischen Zivilgesetzbuches. Die entsprechenden recht-lichen Grundlagen werden ausführlich erläutert.

In **Kapitel 4** wird anschliessend die operative Legate-Planung von der Informationsanalyse, den Zielen, Segmenten über die Austauschprozesse, Positionierung, den Legate-Mix und die Organisation schrittweise entwickelt.

In der Schlussbetrachtung in **Kapitel 5** werden die wichtigsten Ergebnisse und Handlungsempfehlungen noch einmal zusammengefasst.

2 Einordnung des Legate-Marketing in das Fundraising

2.1 Theoretische Grundlagen des Fundraising

2.1.1 Finanzierung von Nonprofit-Organisationen

Während sich die herkömmliche Marketing-Literatur vornehmlich auf den Absatzbereich konzentriert, stellt die Beschaffungsseite bei zahlreichen NPO das primäre Marketing-Problem dar. Umso mehr erstaunt es, dass die Finanzierung von NPO bisher kaum Gegenstand wissenschaftlicher Untersuchungen war, zumal sie sich von derjenigen in Unternehmen fundamental unterscheidet. In der Folge sollen kurz grundsätzliche Aspekte der Finanzierung von NPO vorgestellt werden (vgl. ausführlich Beccarelli 2005, 53 ff.).

In der Ressourcenbeschaffung unterscheiden sich die NPO in drei zentralen Punkten vom Unternehmen (vgl. auch Seibel 2002, 21):

1. NPO fliessen nicht nur Finanzmittel zu, sondern zu einem erheblichen Teil auch sog. Finanzmittelsurrogate, wie beispielsweise ehrenamtliche Arbeit, Sachspenden oder Nutzungsrechte.

2. Im Weiteren sind NPO zur Finanzierung ihrer Tätigkeiten ausser auf die leistungsbezogenen Einnahmen auch auf die öffentliche und private Zuschussfinanzierung angewiesen, die nicht unmittelbar an eine marktadäquate Gegenleistung geknüpft sind.

3. Bei der Ressourcenbeschaffung treten Interaktionseffekte zwischen den drei Einnahmekategorien auf.

Die Schwierigkeiten bei der Ressourcenbeschaffung resultieren aus einer erschwerten Innen- oder Eigenfinanzierung durch einbehaltene Gewinne, dem fehlenden Zugang zum Kapitalmarkt sowie den beschränkten Verschuldungsmöglichkeiten. Der NPO fehlt die Möglichkeit, auf dem Kapitalmarkt finanzielle Ressourcen durch die Ausgabe von Kapitalanteilen zu beschaffen.

Ausserdem schränken die Rechtsform, das fehlende Gewinnziel und die nicht vorhandenen Anteilseigner sowie die mit grosser Unsicherheit verbundenen Einnahmenströme die Kreditwürdigkeit der NPO in der Regel stark ein. Zudem ergeben sich auch bei der Reservenbildung NPO-spezifische Probleme. Hier sieht sich die Organisation mit einem Spannungsfeld zwischen Leistungsverpflichtung und Risikovorsorge konfrontiert. Die Austauschpartner im Ressourcenbereich erwarten in der Regel, dass die öffentlichen und privaten Beiträge möglichst zeitnah und umfassend ihrer Verwendung zugeführt werden. Im Gegensatz dazu orientiert sich die Führung einer NPO bei ihrem Handeln an den Grundsätzen einer risikoangepassten Finanzpolitik (vgl. Chang/Tuckman 1990, 117 ff.; Blümle/Schauer 2004, 38 ff.).

Es lassen sich drei grosse Einkommensarten von NPO (vgl. Salamon/Anheier 1997, 19 ff.) unterscheiden (vgl. auch Abbildung 1):

1. *Selbsterwirtschaftete Einnahmen:* Darunter versteht man die Einnahmen der NPO aus dem Verkauf marktfähiger Güter und Dienstleistungen.

2. *Öffentliche Zuschussfinanzierung:* Diese Einnahmekategorie umfasst zum einen direkte öffentliche Beiträge und Subventionen in der Form von finanziellen Zuwendungen, Sachleistungen sowie unentgeltlichen Dienstleistungen der öffentlichen Hand. Zum andern handelt es sich im Fall von Steuererleichterungen (Befreiung von der direkten Bundessteuer etc.) um indirekte staatliche Zuwendungen.

3. *Private Zuschussfinanzierung:* Diese besteht aus Geld-, Sach- und Zeitspenden von Einzelpersonen, Unternehmen und weiteren Organisationen wie Stiftungen, Vereinen oder Genossenschaften sowie allfälligen Mitgliederbeiträgen.

Im Rahmen des Johns Hopkins Comparative Nonprofit Sector Project (CNP) wurde unter anderem auch die Einnahmenstruktur des NPO-Sektors in 26 Ländern untersucht. Im Durchschnitt werden dabei 50,9 % der Einnahmen aus dem Verkauf von marktfähigen Gütern und Dienstleistungen generiert.

Weitere 38,8 % der Einnahmen stammen von der öffentlich-rechtlichen Hand. Dieser prozentuale Anteil bezieht sich jedoch nur auf die direkten öffentlichen Zuwendungen. Die restlichen 10,3 % verdanken die Organisationen der privaten Zuschussfinanzierung.[1] Ausserdem zeigen sich je nach Land und Tätigkeitsgebiet starke Unterschiede.[2] Beispielsweise stellen die öffentlichen Einnahmen in Westeuropa mit 50,4 % die Hauptfinanzierungsquelle des Dritten Sektors dar (42,5 % selbsterwirtschaftete Einnahmen, 7,1 % private Zuschussfinanzierung), während diese in Lateinamerika nur gerade 15,3 % der zur Verfügung stehenden Finanzmittel ausmachen (vgl. ausführlich Salamon et al. 1999).

Legate fallen in dieser Terminologie unter die private Zuschussfinanzierung durch Einzelpersonen (Individuals), wobei es sich sowohl um Geld- als auch um Sachspenden sowie in seltenen Fällen um die Einräumung von Verfügungsrechten handeln kann.

NPO beschaffen ihre Einnahmen in unterschiedlichen Austauschsystemen mit verschiedenen Steuerungsmechanismen. In der Folge werden vier Systeme unterschieden (vgl. Abbildung 2): das **Marktystem**, das **meritorische**, das **philanthropische** und das **politische System**. Die selbsterwirtschafteten Einnahmen werden in dieser Sichtweise entweder über ein Marktsystem oder ein meritorisches System generiert. Jeder Leistung des Austauschgebers steht dabei mindestens eine marktadäquate Gegenleistung der Organisation gegenüber. Im Falle des meritorischen Systems erbringt die NPO gar eine Gegenleistung, welche diejenige des Marktes übersteigt. Dies ist beispielsweise bei den Eintrittspreisen in Museen der Fall. Diese ergeben sich nicht unmittelbar aus dem Zusammenspiel von Angebot und Nachfrage, sondern werden meist aufgrund übergeordneter Interessen vom Museum „künstlich" tief gehalten, d. h.

---

[1] Der Anteil von 10,3 % beinhaltet nur Geldspenden (ohne Sach-, Zeitspenden).

[2] Im Rahmen der Länderstudie Schweiz des CNP – finanziell unterstützt durch die Gebert-Rüf-Stiftung – untersucht das VMI erstmals Bedeutung und Grösse des Dritten Sektors in der Schweiz. Mit ersten Resultaten bzw. Zwischenergebnissen ist 2007 zu rechnen.

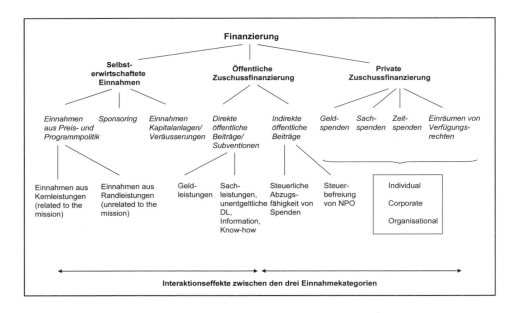

Abbildung 1: Einnahmekategorien und Finanzierungsinstrumente (Quelle: Beccarelli 2005, S. 195)

die Leistungen werden durch die öffentliche Hand oder private Spender quer subventioniert. Beim meritorischen System handelt es sich um eine Mischform zwischen einem reinen Markt- und einem politischen System.

Das Fundraising umfasst in dieser Sichtweise ausschliesslich die private Zuschussfinanzierung und folgt den Gesetzmässigkeiten des philanthropischen Austauschsystems. Der finanziellen Leistung des Spenders steht keine marktadäquate Gegenleistung der NPO gegenüber. Bei der öffentlichen Zuschussfinanzierung hat die NPO dagegen im politischen Prozess festgelegte Gegen-leistungen zu erbringen, was sich vom Beschaffungsprozess «Leistung – ohne marktadäquate Gegenleistung» unterscheidet. Immer häufiger schliesst die öffentliche Hand mit NPO konkrete Leistungsvereinbarungen, sog. Leistungsaufträge, ab (vgl. Purtschert 2005, 287 ff.).

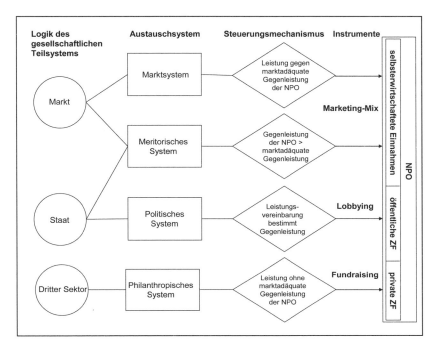

Abbildung 2: Austauschsysteme im Ressourcenbereich
(Quelle: Beccarelli 2005, 97)

2.1.2   Definition und Abgrenzung des Fundraising

Unter «Fundraising» versteht man denjenigen Teil des Beschaffungsmarke-
ting, bei dem die benötigten Ressourcen ohne marktadäquate materielle
Gegenleistung beschafft werden. Demnach handelt es sich bei den benötigten
Ressourcen nicht nur um Finanzmittel, sondern auch um Finanzmittelsurrogate
wie Sachleistungen, Rechte und Informationen (vgl. Beccarelli 2005, 94 ff.). In
der Konzeption des Freiburger Management-Modells für NPO handelt es sich
beim Fundraising schliesslich um einen Teilbereich des Marketingsystems,
dessen Zweck nach Purtschert/Schwarz jedoch ganz klar in der Mittelbeschaffung liegt. Als Erfolgsvoraussetzung betrachten die beiden Autoren die
Einordnung des Fundraising in ein übergeordnetes Marketingsystem. Das
Fundraising wird im übergeordneten Zusammenhang der Zwecksetzung und der

11

Funktionsweise der NPO gesehen (vgl. Purtschert/Schwarz 1994, 133). Fundraising (Mittelbeschaffung) ist für Drittleistungs-NPO ein wichtiges Finanzierungsinstrument. Während sich einzelne Hilfswerke (z. B. Greenpeace) ausschliesslich über Fundraising finanzieren, dürften sich Hilfswerke in der Schweiz durchschnittlich zu etwa 30-40 % über private Spenden finanzieren.

Fundraising kann, wie auch die Finanzierung von NPO, nicht isoliert betrachtet werden. Es ist empfehlenswert, ein vom Marketing-Konzept abgeleitetes Fundraising-Konzept zu erarbeiten. Für die Fundraising-Aktionsplanung steht eine aus der operativen Marketing-Planung entwickelte spezifische Planungssequenz zur Verfügung.

2.2   Legate-Marketing

Unter dem Begriff des Legate-Marketing oder Legate-Fundraising versteht man den Prozess der Vorbereitung, Durchführung und Kontrolle der Massnahmen zur privaten Mittelbeschaffung aus Legaten. Der rechtliche Begriff des Legates ist deckungsgleich mit demjenigen des Vermächtnisses. Wo von Vermächtnissen im (engeren) Rechtssinn (franz. légat; ital.: legato) die Rede ist, wird hier ausschliesslich das Wort «Vermächtnis» verwendet. Der Ausdruck wird im allgemeinen Sprachgebrauch aber auch unterschiedslos als Oberbegriff für alle Arten und Formen von Begünstigungen auf den Todesfall (Erbteil, Vermächtnis, Kodizill, Erbvertrag) verwendet. Da (alternativ zu Legat im weiteren Sinne) ein anderes, korrektes Wort zum Oberbegriff für alle letztwilligen Begünstigungen fehlt, wird hier Legat im weiteren Sinne als Oberbegriff im allgemeinen Sprachgebrauch verwendet (vgl. Glossar).

In der Folge gebrauchen wir den allgemeinen Begriff des Legate-Marketing. Diese Bezeichnung trägt dem Umstand Rechnung, dass die Legatsuche nicht zu eng als Fundraising-Instrument interpretiert werden darf, sondern das ganze Marketing einer Organisation betrifft. Unter «Marketing in einer NPO» verstehen wir das umfassende Management der relevanten Austauschbeziehungen einer NPO (vgl. Purtschert/Schwarz/Helmig/Schauer/Haid, 2005, 48).

Unterschiede	Gemeinsamkeiten
- einmaliger Mittelfluss	- vom Zweck beeinflusst
- geringe Vorhersehbarkeit, hohe Volatilität der Mittelzuflüsse	- darf nicht isoliert betrachtet werden, ins Fundraising-Konzept zu integrieren
- mehrjährige Perspektive, bedingt relativ hohe Anfangsinvestitionen, Rückflüsse erst mit zeitlicher Verzögerung	- hängt stark ab von der Positionierung der Organisation
- Kosten-Nutzen-Relation aufgrund der zeitlichen Verzögerung und unklarer Ursache-Wirkung-Relationen nicht erkennbar	- setzt systematische Planung, Durchführung und Kontrolle voraus
- Spendende erleidet zu Lebzeiten keinen finanziellen Verlust	- Instrument des Planned Giving
- Legat ist an den Tod des Spenders geknüpft	- Management der Austauschbeziehungen

Tabelle 1: Unterschiede und Gemeinsamkeiten zwischen Legate-Marketing und den übrigen Fundraising-Instrumenten

Damit wird auch klar, dass es sich bei der Legatsuche im Wesentlichen um den langfristigen Aufbau und die Pflege von Beziehungen handelt. Damit soll nicht impliziert werden, dass sich das Legate-Marketing von den übrigen Fundraising-Instrumenten fundamental unterscheidet. Es weist jedoch einige spezifische Besonderheiten auf.

Legate-Marketing steht grundsätzlich allen NPO offen, unabhängig von ihrer Grösse und den vorhandenen Mitteln. Legate sind in einzelnen Fällen auch der Grund für die Entstehung einer NPO. In zahlreichen grösseren Schweizer Hilfswerken gibt es inzwischen Legate-Verantwortliche. Hinsichtlich des Kosten-Nutzen-Verhältnisses schneidet das Legat im Vergleich mit den anderen Fundraising-Instrumenten relativ gut ab. Allerdings sind die Mittelzuflüsse nur sehr schwer vorhersehbar, und anfänglichen Investitionen steht unter Umständen erst Jahre später ein Ertrag gegenüber. So ist das Legate-Marketing nicht geeignet, kurzfristig finanzielle Erfolge zu erzielen. Vielmehr beinhaltet Legate-Marketing eine langjährige Perspektive. Es bedingt im Wesentlichen den Aufbau und die Pflege von Beziehungen zu den Spendern einer Organisation. Das Legat gilt gemeinhin als das intimste, persönlichste Geschenk eines Spenders. Die Kommunikation gestaltet sich dementsprechend schwierig, zum einen weil diese ein hohes Mass an Einfühlungsvermögen verlangt, zum andern weil auch rechtliche Aspekte eine wichtige Rolle spielen. So ist ein Testament notwendige, aber nicht hinreichende Voraussetzung für ein Legat an eine gemeinnützige Organisation. Aus Sicht des Spendenden hat das Legat den grossen Vorteil, dass einem Legat zu Lebzeiten keine finanzielle Einbusse entgegensteht. Das heisst, der oder die Spendende kann sich mit einem Vermächtnis in seinem/ihrem Testament ein Glücksgefühl, ein gutes Gewissen oder Erleichterung verschaffen, ohne dass er/sie die Kosten des Legats unmittelbar zu spüren bekommt.

2.3 Verankerung des Legate-Marketing in der Spendenpolitik

Mit der Spendenpolitik (Policy) und den Spendenleitsätzen werden grundsätzliche Vorgaben und Rahmenbedingungen für das Fundraising festgelegt. Es handelt sich im Prinzip um eine Konkretisierung des Leitbildes oder der Vereins-/Verbandspolitik in Bezug auf das Fundraising.

Beim Fundraising handelt es sich um ein komplexes Unterfangen, das Rückwirkungen auf die Gesamtwahrnehmung der Organisation hat. Die Spenden-Leitsätze sollen dabei zu einer «unité de doctrine» im Fundraising führen (vgl. Purtschert 2005, 346). Die Spendenpolitik sollte dabei auch einige Leitsätze zum Legate-Marketing enthalten. Je nach Bedeutung resp. Gewichtung des Legate-Wesens innerhalb der Organisation ist es unter Umständen sinnvoll, eine spezielle Legate-Politik zu formulieren.

14

2.3.1   Legate-Politik

Hier einige Beispiele möglicher Leitsätze zum Legate-Marketing. Die Vorschläge verstehen sich als Anschauungsbeispiele und sind nicht kumulativ zu verwenden. Jede Organisation hat die Legate-Politik auf ihre spezifischen Bedürfnisse auszurichten:

- Unsere Leistungen sind langfristig angelegt. Die Spendenden sollen erkennen, dass ein langfristiges Engagement erwünscht und dass damit ein Engagement über den Tod hinaus sinnvoll ist.
- Wir laden unsere Gönner und Freunde der Organisation ein, unsere Ziele durch ein Legat langfristig zu unterstützen. Wir stellen unser Wissen und unsere Erfahrung gerne zur Verfügung, ohne die möglichen Destinatäre unangebracht zu beeinflussen.
- Wir betrachten Legate als Anerkennung für unsere Arbeit und gleichzeitig als Verpflichtung, die Mission der Organisation so gut zu erfüllen, dass sie den Intentionen des Legatgebers entspricht.
- Die Tätigkeit sämtlicher Mitarbeitenden ist darauf ausgerichtet, dass wir von Destinatären als vertrauensvolle Organisation für eine Legatspende wahrgenommen werden.
- Wir pflegen zu unseren Gönnern eine informative und offene Beziehung. Eine vertrauensvolle Beziehung ermöglicht es uns, für Vergabungen in die engere Wahl zu kommen.
- Immobilien oder andere Sachspenden sollen nur angenommen werden, wenn diese nicht mit für die Organisation belastenden Servituten belegt sind. Liegenschaften, die uns einen übermässig grossen Aufwand verursachen, sollen veräussert werden können.
- Die Zuwendungen aus Legaten fliessen in einen Dotationsfonds, dessen Erträge für zukunftsträchtige Projekte der Organisation verwendet werden.

«Marketing planed gifts begins by convincing the nonprofit-organisation of their significance». (Dove 2002, 119). Dies bedeutet nichts anderes, als dass der

Vorstand und alle Mitarbeitenden über Sinn und Zweck des Legate-Marketing im Bild sein sollten. Aus diesem Grund muss dem Internen Marketing eine grosse Beachtung geschenkt werden. «Internes Marketing» bedeutet, die Service- und Dienstleistungsorientierung aller Mitarbeitenden zu fördern. Alle Mitarbeitenden sollen einen Informationsstand aufweisen, der sie in die Lage versetzt, Fragen in Bezug auf Legate positiv zu beantworten oder – wenn nötig – an die zuständige Stelle weiterzuleiten.

Falls freiwillige Helfer in der Organisation für Fundraising-Aufgaben eingesetzt werden, sind diese in Bezug auf Legate-Fragen zu informieren und zu schulen. Damit werden sie auch zu möglichen «Legate-Ambassadoren» für die Organisation. In den Vereinigten Staaten wird von diesem Instrument systematisch Gebrauch gemacht, immer auch mit dem Ziel, freiwillige Helfer zu eigenen Legate-Spenden zu motivieren (vgl. Dove 2002, S. 123). Legate sollten dabei grundsätzlich für die Kernaufgabe der Organisation gewonnen werden. Da der Zeitpunkt des Eingangs der Legate nicht planbar ist, soll von der Verbindung von Legaten zu einzelnen Projekten eher Abstand genommen werden. An ihre Stelle tritt die Entwicklung einer langfristigen Legate-Vision.

2.3.2 Ethische Grundsätze

Vertrauen ist die wichtigste Voraussetzung im Legate-Marketing. In diesem Sinne gilt es, alle vertrauensfördernden Elemente einzusetzen und zugleich alles dafür zu tun, dass dieses Vertrauen nicht strapaziert, gefährdet oder gar zerstört wird. Dabei ist dringend davon abzuraten, die Legatsuche allzu aggressiv zu betreiben. Der Adressat der Kommunikationsmassnahmen sollte unter keinen Umständen den Eindruck erhalten, er werde unter Druck gesetzt. Die Intimsphäre und die Wahl- bzw. die Interessenfreiheit von Personen, die in die Kommunikation involviert sind, müssen jederzeit gewahrt bleiben.

Zu unterlassen sind dabei sämtliche Massnahmen, welche die Freiheit und den Handlungsspielraum des potenziellen Spenders in irgendeiner Form in negativem Sinne tangieren. Jegliche Formulierungen, die als Zwang empfunden werden können, gilt es zu vermeiden. Aber auch eine Argumentation, die Angst oder Schuldgefühle voraussetzt, erzeugt oder ausnutzt, ist nicht nur längerfristig wenig Erfolg versprechend, sondern auch nicht statthaft. Die Verantwortlichen im Bereich des Legate-Marketing haben sich an die Grundsätze einer wahrheitsgemässen, sachgerechten Kommunikation ohne Übertreibungen zu halten. Zum Vertrauen gehören die Einhaltung von Versprechungen wie auch eine hohe Qualität der Massnahmen, die im Rahmen der Legatspromotion getroffen werden.

Zur Ethik gehört bei der Legatsuche im Weiteren, dass bei der Testamentserstellung dort, wo schwierigere Verhältnisse existieren, Fachpersonen zugezogen werden. Die Gefahr von Formfehlern ist bereits bei einfachen Testamenten real. Zur allgemeinen Ethik des Legate-Verantwortlichen gehört, dass er von einem Legat nichts für sich selbst in Anspruch nimmt. Eine Entschädigung von Fundraisern in Abhängigkeit von der Zahl oder Höhe der akquirierten Legate festzulegen, steht im Widerspruch zu den entsprechenden ethischen Richtlinien des Branchenverbands.[3]

2.4 Verankerung des Legate-Marketing im Fundraising-Konzept

Beim Fundraising-Konzept handelt es sich um ein Marketing-Teilkonzept, das als mittelfristig gültiger Rahmenplan für sämtliche Fundraising-Aktivitäten wirken soll. Damit wird die Gesamtkoordination der Fundraising-Aktivitäten sichergestellt. Weiter muss gewährleistet sein, dass die Fundraising-Kommunikation mit der Gesamtidentität der Organisation nicht nur übereinstimmt, sondern diese laufend verstärkt.

Im Fundraising-Konzept soll unter der Fundraising-Strategie festgelegt werden, wofür Legate einzusetzen sind. Ihrem Charakter nach sind Legate eher für langfristige Projekte oder zur Erfüllung der Grundmission der Organisation geeignet. Legate können auch die Äufnung von Dotationsfonds oder Reservefonds zum Zweck haben. Letztere dienen dazu, Einnahmeschwankungen aus

---

[3] Vgl. ausführlich unter http://www.swissfundraising.org

anderen Fundraising-Bereichen aufzufangen und die Erfüllung bestehender Engagements zu gewährleisten. Für jede Dienstleistungsorganisation ist es schwierig, die Bereitschaftskosten zu decken, das heisst, es fallen Kosten an, bevor irgendein Projekt gestartet werden kann. Deshalb ist es für die Organisation sehr wertvoll, auf einen Reservefonds zurückgreifen zu können, insbesondere auch deshalb, weil viele Spender, auch institutionelle, bevorzugt einzelne klar umrissene Projekte unterstützen möchten.

Beispielsweise werden im Zoo Basel aus Legaten diverse Fonds zum Bau neuer Tieranlagen alimentiert. Daneben existiert auch ein Fonds, dessen Erträge explizit zur Deckung der Betriebskosten verwendet werden (vgl. Zoo Basel 2005, o.S.). Swissaid wiederum hat einen speziellen «Fonds für die Zukunft» geschaffen. Gemäss der entsprechenden Broschüre dient der Fonds dem treuhänderischen Einsatz von Erbschaften, Legaten und Schenkungen und trägt damit zur Sicherung langfristiger und nachhaltiger Selbsthilfeprojekte bei (SWISSAID o.J., o.S.).

2.5 Verankerung des Legate-Marketing in der operativen Fundraising-Planung

Wenn die Organisation zur Überzeugung gelangt, dass das Legate-Marketing eine wichtige Teilaufgabe im gesamten Fundraising darstellt, wird das Legate-Marketing nach der Planungsheuristik auf allen Planungsstufen verankert: in der Legate-Politik, in der Fundraising-Strategie und schliesslich in der operativen Fundraising-Planung. Diese Empfehlung basiert auf der Überzeugung, dass eine erfolgreiche Legatsuche eine systematische Planung voraussetzt und man das Eintreffen von Legaten nicht dem Zufall überlassen sollte.

Wenn man sich im Fundraising-Konzept für ein aktives Legate-Marketing entschieden hat, soll dieses auch systematisch geplant werden. Als Grundlage dient die operative Fundraising-Planungssequenz, die auf die spezifischen Bedürfnisse des Legate-Marketing angepasst werden soll (vgl. Kapitel 4).

1.	**Analyse der Fundraising-Situation**
2.	**Vorgaben aus übergeordneten Führungsinstrumenten** (Leitbild, Politik, Strategie)
2.1	**Vorgaben aus dem Marketing-Konzept** - Marketing-Einsatzbereiche - Marketing-Prioritäten - Positionierung der Gesamtaktivitäten
2.2	**Vorgaben aus dem Finanz-Konzept** Rückstellungen für: - Programmfinanzierung - spezielle Projektfonds - Investitionsfonds - permanenten Finanzierungsfonds (Dotationsfonds)
3	**Spendenpolitik/Spendenleitsätze**
4.	**Positionierung der Organisation in Bezug auf Fundraising** - Name - verbale Positionierung - Mission Statement/Zentrale Botschaft - Abstimmen mit CI der Gesamtorganisation
5.	**Grundsatzziele und Schwerpunkte in den Fundraising-Aktivitäten** (Fundraising-Strategie)

Within row 5:

Programme	Mittebedarf	Fundraising-Strategie
Standardprogramme		
Projektfonds		
Investitionsfonds		
Dotationsfonds		

6.	**Vorgaben und Beschränkungen für die Fundraising-Aktionsplanung**
7.	**Organisation des Fundraising und der Infrastruktur**

Abbildung 3: Checkliste Fundraising-Konzept
(Quelle: Purtschert 2005, 339)

3 Rechtliche Grundlagen für das Legate-Marketing

3.1 Allgemeine Bemerkungen

Das Kapitel über die rechtlichen Grundlagen für das Legate-Marketing kann nicht den Anspruch erheben, das ganze Erbrecht, eheliche Güterrecht und weitere einschlägige Teile des Privatrechts umfassend und abschliessend zu behandeln.

Trotz der vielen Gemeinsamkeiten der nationalen Rechtsordnungen gerade im Erbrecht divergieren einzelne Regelungen klar. Die einzelnen Länder haben auch in unterschiedlichen Strukturen und Entwicklungen seit der positiven Gesetzesfassung eine teilweise divergierende Judikatur (Entscheide/Praxis der Gerichte) entwickelt. Und schliesslich kann hier nicht auf alle individuellen Konstellationen und Bedürfnisse detailliert eingegangen werden.

Die nachfolgenden Ausführungen versuchen, das Gemeinsame in den Rechtsordnungen der deutschsprachigen Länder mit jener Ausführlichkeit darzustellen, die der Legatsucher für seine Tätigkeit benötigt. Sie sind ausgerichtet auf die dem Fundraising-Verantwortlichen am häufigsten begegnenden Situationen. Der Beizug einer Fachperson ist generell in jedem Falle angezeigt, wo ein Ehe- oder Erbvertrag das unbelastete Vermögen, d.h. den Umfang oder den Anspruch auf einzelne Teile oder Gegenstände des Nachlasses, und damit die Verfügungsfreiheit des Testators beeinflusst. Eine Fachperson herbeizuziehen, empfiehlt sich grundsätzlich, sobald die Verhältnisse (umfangreiches Vermögen, grössere Verwandtschaft, wenn Pflichtteile verletzt werden könnten) oder die Wünsche und Vorstellungen des Testators komplizierter sind.

Im Sinne eines Exkurses soll auf die seit der ursprünglichen Gesetzesredaktion veränderten Rahmenbedingungen des Erbrechts kurz eingegangen werden. Das Erbrecht ist geprägt vom Gedanken, dass in erster Linie die nächsten Verwandten und der überlebende Ehegatte erben sollen («Das Gut zum Blut»). Wenn kein Testament und kein Erbvertrag vorliegen, erben sie von Gesetzes wegen das Ganze, wobei die näheren Verwandten die entfernteren vom Erbe ausschliessen. In neuerer Zeit ist die früher übliche Lebensgemeinschaft von drei und mehr Generationen in den meisten Fällen einer langen und unabhängigen Selbständigkeit der Senioren gewichen; die junge Generation wählt häufig einen anderen Beruf, eine andere Lebensweise und emanzipiert sich in einem andern Ausmasse, als das noch bei der Generation ihrer Eltern der Fall war. Die innerhalb eines Jahrhunderts von weniger als 40 auf über 70 Jahre gestiegene durchschnittliche Lebenserwartung führte dazu, dass zum Zeitpunkt des Erbantritts die Erben selber oft bereits vor der Pensionierung stehen. Die Gründung eines eigenen Hausstandes und einer Familie, die Eröffnung eines eigenen Betriebes oder umfangreichere Ausbildungsmassnahmen fallen dann kaum mehr in Betracht. Die finanzielle Altersvorsorge ist heute zu diesem Zeitpunkt bereits durch die in der Nachkriegszeit geschaffenen Sozialversicherungen, durch die berufliche und allenfalls private Vorsorge gesichert. Zudem kommt in denjenigen Kreisen, wo Sparsamkeit Tradition hat und zu grösseren Nachlässen geführt hat, auch die Erbengeneration ihrerseits zu Wohlstand. So verfügen die Älteren innerhalb der beruflich aktiven Altersklasse und die Senioren heute in der Regel über die grössten privaten Vermögen. Mit anderen Worten: Heute haben oft die Erben das Erben nicht mehr nötig – und damit entsteht vermehrter Spielraum für die letztwillige Begünstigung gemeinnütziger Organisationen.

3.2   Die Erben

3.2.1   Die gesetzlichen Erben

Als «gesetzliche Erben im weiteren Sinne» werden diejenigen Personen bezeichnet, welche nach den Bestimmungen des Gesetzes als Erben zum Zuge kommen können. Im engeren Sinne gehören dazu nur diejenigen unter ihnen, welche dann – aufgrund gesetzlicher Bestimmung, und nicht aufgrund einer ausdrücklichen und persönlichen Begünstigung durch den Erblasser – auch tatsächlich Erben werden.

22

Der überlebende **Ehegatte** kommt grundsätzlich immer zum Zuge. Die Fortsetzung des bisherigen Lebensstils wird ihm in den Ländern des deutschen Kulturkreises vorweg mit privilegierten Ansprüchen auf die eheliche Wohnung erleichtert. Er erhält von Gesetzes wegen auch einen Erbteil, welcher unterschiedlich gross ist, je nach dem Grad der Verwandtschaft der anderen Familienangehörigen, welche gleichzeitig mit ihm am Erbe teilnehmen. In der Schweiz erhält er in Konkurrenz zu den Nachkommen ½, in Konkurrenz zu den Eltern oder deren anderen Nachkommen ¾ und in allen anderen Fällen die ganze Erbschaft; in Österreich neben den Nachkommen $^{1}/_{3}$, neben den Erben der zweiten und der dritten Linie $^{2}/_{3}$. In Deutschland werden in die Erbteilsberechnung auch die güterrechtliche Situation und die Anzahl Kinder so einbezogen, dass dem Ehegatten total meist etwa gleich viel bleibt wie den Abkömmlingen zusammen.

Gesetzliche Erben im weiteren Sinne sind neben dem überlebenden Ehegatten die **Verwandten** in absteigender Linie. Nicht verwandt und somit nicht erbberechtigt (ausser dem Ehegatten des Erblassers) sind generell die Angeheirateten bzw. Verschwägerten. Die Verwandten treten nach Stämmen an die Stelle ihrer verstorbenen Vorfahren, wobei die näheren Verwandten die entfernteren vom Erbe ausschliessen. Unter den Verwandten sehen die hier angesprochenen Rechtsordnungen eine Art Kaskade vor, wonach die eigenen Nachkommen (in Deutschland: Abkömmlinge) des Erblassers (Kinder, Grosskinder, etc.) in erster Linie gesetzliche Erben sind. (Es ist auch von Verwandten der ersten Ordnung oder der ersten Parentel – sprich: Parentél – die Rede.) Falls in der ersten Parentel niemand vorhanden oder niemand mehr am Leben ist, kommen die Verwandten der zweiten oder elterlichen Parentel (Eltern oder deren Nachkommen) zum Zuge. Gibt es auch da keine Erben, geht der Nachlass an die Verwandten dritter Ordnung bzw. der grosselterlichen Parentel. Wenn keine Verwandten da sind, erbt der Staat. In Deutschland, Österreich und Liechtenstein sind vor dem Staat auch noch die Urgrosseltern begünstigt.

Zu den gesetzlichen Erben ist im Sinne **ergänzender Hinweise** noch Folgendes festzuhalten:

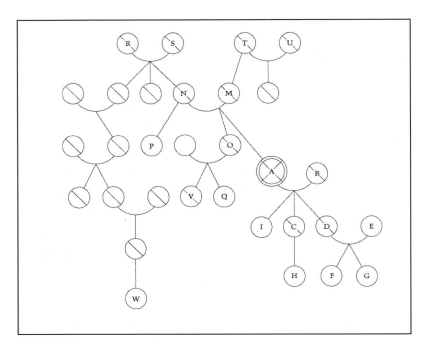

Abbildung 4: Die gesetzlichen Erben (Quelle: Fäh/Notter 2000, S. 72)

- Es wird ausdrücklich darauf verwiesen, dass die **Trennung der Ehe**, selbst wenn sie durch den Richter ausgesprochen wurde und auch wenn sie viele Jahre gedauert hat, die gegenseitige Erbberechtigung nicht schmälert. Solange die Ehe nicht durch Scheidung aufgelöst ist, entfaltet sie die genannten erbrechtlichen Konsequenzen. Bei der gerichtlichen Trennung der Ehe tritt jedoch von Gesetzes wegen Gütertrennung, d.h. die güterrechtliche Auseinandersetzung, ein. Danach stehen die getrennten Eheleute also finanziell wie geschieden da, bleiben einander aber als Verheiratete erbberechtigt.

- In Deutschland und in der Schweiz (mit Wirkung vom 1. Januar 2007 an) wird der **gleichgeschlechtliche Lebenspartner** dem Ehegatten gleichgestellt, wenn die Partnerschaft amtlich registriert wurde.

- Lebenspartner ohne Trauschein (**Konkubinatspartner**) hingegen gelten als Fremde und haben kein gesetzliches Erbrecht.

- Das **Adoptivkind** geniesst in seiner Adoptivfamilie volles Erbrecht. Dagegen verliert es durch die Adoption das gesetzliche Erbrecht in seiner Blutsfamilie.

- **Minderjährige** sind als Erbberechtigte den Volljährigen gleichgestellt.

- Heute spielt es auch keine Rolle mehr, ob ein Kind **ehelich** geboren wurde oder nicht: Es hat sowohl auf der Seite seiner Mutter als auch – wenn es anerkannt wurde – väterlicherseits das gleiche Erbrecht wie ein in der Ehe geborenes oder gezeugtes Kind.

- Überlebt kein Ehegatte den Verstorbenen, können in den genannten Graden keine Verwandten ausfindig gemacht werden oder haben alle anderen Erbberechtigten die Erbschaft (meist wegen Überschuldung) ausgeschlagen, so tritt in letzter Linie der **Staat als gesetzlicher Erbe** ein. In der Schweiz kommen dann in kantonal unterschiedlichen Proportionen der Kanton und die Gemeinde zum Zuge.

- **Sonderregelungen** des bäuerlichen Erbrechts bestehen in allen deutschsprachigen Ländern, mit dem Ziel der Erhaltung leistungsfähiger Landwirtschaftsbetriebe. In einzelnen Ländern gelten auch Spezialregelungen für die eheliche Mietwohnung, die eheliche Eigentumswohnung, den Abfertigungsanspruch oder Lohnnachgenuss der Hinterbliebenen von Angestellten, die Witwen-, Witwer- und Waisenpension, die Rechte über den Leichnam und die Grabstätte usw.

- Die Ordnung der gesetzlichen Erbfolge zeigt anschaulich, wer alles Erbe werden kann. So können z.B. die Grosskinder einer Cousine alles erben, selbst wenn zwischen ihnen und dem Erblasser nie eine aktive Beziehung bestand. Das kann der zukünftige Erblasser aber ohne Weiteres verhindern, indem er mit einem Testament oder Erbvertrag seine Hinterlassenschaft gezielt dorthin weitergibt, wo sie nach seinem freien Willen die gewünschte Verwendung findet.

Aufgrund dieser Ordnung der gesetzlichen Erben kommt es im Prinzip nicht vor, dass eine Erbschaft herrenlos wird bzw. dass keine Erben da sind. Für den Fall, dass keine Verwandten vorhanden sind, hat sich ja der Staat als gesetzlicher Erbe selber eingesetzt. Hingegen können die Erben ihre Erbteile ausschlagen.

3.2.2   Die eingesetzten Erben

Eingesetzte Erben sind diejenigen Personen, welche der Erblasser mit Erbvertrag oder in einem Testament willkürlich, d.h. aus freiem Willen, zu Erben erkoren hat. Es können irgendwelche Personen, also auch gesetzliche Erben sein, welche sonst wegen entfernterer Verwandtschaft nicht oder nur zu einem kleineren Teil zum Zuge kommen würden, oder auch nicht verwandte Personen – wie zum Beispiel ein Konkubinatspartner – oder Institutionen.

Minderjährige haben, wie bereits erwähnt, die gleichen Erbrechte wie Erwachsene. Schon vor ihrer Geburt, d.h. von der Empfängnis an, können sie unter dem Vorbehalt ihrer Lebendgeburt als Erben eingesetzt werden und ein Erbe antreten. Und zeitlich noch weiter vorgreifend, kann selbst eine noch nicht gezeugte Person als Nacherbe eingesetzt werden.

3.2.3   Die Vermächtnisnehmer

Als Vermächtnisnehmer gelten diejenigen testamentarisch begünstigten Personen, welche nicht Erben sind. Als «Erben» bezeichnet man nämlich nur Personen, welche eine Quote (Bruchteil oder Prozentsatz) der ganzen Erbschaft erhalten und am ganzen Nachlass (Aktiven und Passiven), mit allen Zu- und Abnahmen des Vermögens von der Testamentserrichtung bis zum Erbfall, partizipieren. Vermächtnisnehmer dagegen haben einen Anspruch auf einen bestimmten oder bestimmbaren Vermögensteil: Es kann sich um einen bezifferten Geldbetrag, um ein Konto oder Wertschriftendepot, einen oder mehrere Gegenstände oder eine Immobilie, eine Sammlung, eine konkrete Forderung usw. handeln. Der Vermächtnisnehmer ist grundsätzlich an den Schulden des Erblassers nicht beteiligt und macht allfällige Wertschwankungen im übrigen Vermögen des Erblassers nicht mit. Für die Ausrichtung seines

Anteils ist ihm der alleinige Erbe bzw. die Gesamtheit der Erben gemeinsam verantwortlich.

In Österreich (und folglich auch im Fürstentum Liechtenstein, welches das österreichische Erbrecht anwendet) besteht ein gesetzliches (Voraus-)Vermächtnis auf die eheliche Wohnung und deren Einrichtungsmobiliar sowie einen Unterhaltsanspruch.

3.2.4   Die Haupt- und die Ersatzerben

Der Erblasser kann in seinem letzten Willen alternativ mehrere Personen als Erben oder Vermächtnisnehmer einsetzen: Der Haupterbe kommt zum Zuge, wenn er eine oder mehrere Bedingungen oder Auflagen erfüllt; erfüllt er sie nicht, so tritt an seine Stelle der eingesetzte Ersatzerbe. Die häufigste Anwendung ist diejenige, dass ein Ersatzerbe eingesetzt wird für den Fall, dass der eingesetzte Haupterbe den Erbfall des Testators nicht selber erlebt («Sollte X vor mir versterben, so soll Y an seiner/ihrer Stelle erben.»). Fehlen auch die Ersatzerben im Augenblick des Erbfalles, so tritt die gesetzliche Erbfolge ein.

Nach den gleichen Grundsätzen sieht das Gesetz auch das Ersatzvermächtnis vor.

Die Einsetzung von Ersatzerben bzw. Ersatzvermächtnisnehmern könnte in der Praxis der Beratung testierwilliger Personen eine zunehmende Bedeutung erfahren. Gedacht werden darf insbesondere an den Fall, in welchem der Erblasser den überlebenden Ehegatten oder eine andere nahestehende Person und bei dessen bzw. deren Vorversterben eine Institution als Ersatzerbe oder – Ersatzvermächtnisnehmer einsetzt.

3.2.5   Die Vor- und die Nacherben

Bei dieser Art von Erbeneinsetzung wird in einer ersten Phase ein Vorerbe und in einer zweiten Phase ein anderer Rechtsträger, der Nacherbe, begünstigt. Der Vorerbe erwirbt seinen Erbteil wie ein anderer eingesetzter Erbe. Sein Eigentum ist jedoch durch die Verpflichtung zur Auslieferung belastet, und seine Stellung gleicht derjenigen eines Nutzniessers (Niessbrauchers), d.h. er darf sein Vorerbe brauchen, nutzen und geniessen, es aber nicht verbrauchen.

Und er kann zur Sicherstellung seines durch die Nacherbschaft belasteten Anteils verpflichtet werden; in jedem Fall von Nacherbeneinsetzung muss ein Inventar erstellt werden. Der Nacherbe erwirbt die Erbschaft bzw. das, was von ihr dann noch übrig ist, zu einem vom Erblasser bestimmten Zeitpunkt oder nach dem Eintritt eines vom Erblasser zum voraus bestimmten Ereignisses. Erlebt der Vorerbe den Erbfall nicht, ist er erbunwürdig oder schlägt er die Erbschaft aus, so fällt der Erbteil direkt an den Nacherben.

Nach den gleichen Grundsätzen ist auch ein Vor- und Nachvermächtnis im Gesetz vorgesehen.

Auch die Vor- und Nacherbeneinsetzung blieb bisher in der Beratungspraxis gemeinnütziger Organisationen relativ wenig beachtet. Eine Vorerbeneinsetzung kann in der Tat für den Begünstigten einen erheblichen Wert darstellen. Die Nutzung des Vorerbes oder Vorvermächtnisses kann wie eine Rente kapitalisiert werden und der kapitalisierte Wert dazu dienen, Pflichtteilsansprüche zu befriedigen. So kann etwa mit der Einsetzung des überlebenden Ehegatten oder eines Konkubinatspartners als Vorerbe der spätere Rückfluss von Familienstücken in die Familie des erstverstorbenen Partners sichergestellt werden. Aber auch für gemeinnützige Institutionen könnte die Nacherbeneinsetzung eine zunehmende Bedeutung erlangen, wenn eine Institution definitiv als Nacherbe oder Nachvermächtnisnehmer eingesetzt wird, aber erst für den Zeitpunkt nach dem Ableben des zweitversterbenden Partners.

3.2.6   Der Erbverzicht

Der Erb- und der Vermächtnisverzichtsvertrag sind eine spezielle Art des Rechtsverzichts, welcher in der notariellen Form eines Erbvertrags eingegangen wird. Darin verzichten Pflichtteilerben – mit der Mitwirkung des zukünftigen Erblassers, zu dessen Lebzeiten und mit Wirkung über dessen Tod hinaus – zugunsten eines eingesetzten Erben oder Vermächtnisnehmers auf die ihnen zustehenden Rechte aus dem Erbgang. Wenn sich die zurücktretenden Erben oder Vermächtnisnehmer ihren Verzicht ganz oder teilweise entschädigen lassen (z.B. mit einer einmaligen oder mit monatlich wiederkehrenden Zahlungen), werden auch die Begriffe des Vermächtnisauskaufs-, eines Erbauskaufs- oder Erbabfindungsvertrags verwendet.

Der häufigste Anwendungsfall besteht darin, dass die Eltern ganz oder teilweise, vorläufig oder endgültig, auf ihre Erb- und Pflichtteile zugunsten des Konkubinatspartners des Verstorbenen verzichten. Ein anderes Beispiel – etwa die Begünstigung eines Museums mit einer Sammlung oder einer Liegenschaft, deren Wert die verfügbare Quote übersteigt – zeigt, dass auch gemeinnützige Institutionen bei der Beratung testierwilliger Personen an diese Möglichkeit denken sollten.

Vorsicht: Ein Erbverzicht kann schwerwiegende steuerliche Konsequenzen haben, und zwar namentlich für den Verzichtenden.

Zu unterscheiden vom Erbverzichtsvertrag und seinen Varianten sind Schenkungen und Einigungen zwischen pflichtteilgeschützten Erben oder Begünstigten, welche nach dem Tod des Erblassers, etwa im Rahmen der Erbteilung, ausgerichtet bzw. erzielt werden, oder wenn Erben auf die gerichtliche Anfechtung des Testaments wegen Verletzung ihres Pflichtteils verzichten. Der Unterschied zum Erbverzicht besteht darin, dass der Erblasser bei solchen Vereinbarungen nicht Vertragspartei ist. Eine solche Einigung unter Begünstigten muss nicht notariell beurkundet werden, weil der Verzicht seine Wirksamkeit unter Anwesenden sofort und nicht erst in einem allenfalls sehr viel späteren Zeitpunkt entfaltet. Immerhin empfiehlt sich trotzdem Schriftlichkeit, im Interesse der Beweissicherung.

3.2.7   Enterbung und Erbunwürdigkeit

Von «Enterbung» spricht man in der Schweiz nur dann, wenn ein Erblasser einem Erbberechtigten dessen ganzen Erbteil, inklusive Pflichtteil, entzieht. In Deutschland spricht man dagegen auch beim Setzen auf den Pflichtteil von Enterbung. Das ist dann möglich, wenn eine solche Person ihre familienrechtlichen Pflichten schwer verletzt oder gegen den Erblasser oder dessen Angehörige ein schweres Verbrechen verübt hat. Im deutschen Recht sind die absoluten Enterbungsgründe abschliessend aufgezählt und ihr

Vorhandensein muss nachgewiesen werden. Die testamentarische Bestimmung, Erben seien auf ihren Pflichtteil gesetzt, gilt in der Schweiz also nicht als Enterbung. Soll tatsächlich aus einem der oben genannten Gründe ein Erbe enterbt werden, so muss im Testament der Enterbungsgrund ausdrücklich genannt werden, und die Enterbung kann vom Enterbten angefochten werden, wenn sie zu Unrecht erfolgte. Die Wirkung der Enterbung ist die gleiche, wie wenn der Enterbte den Erbfall nicht erlebt hätte, d.h. an die Stelle des Enterbten treten dessen Nachkommen.

Die andere Form der Enterbung ist die sog. Präventiventerbung, mit welcher der Erblasser die Hälfte des Pflichtteils eines überschuldeten Erben dessen Nachkommen zuweisen kann, wenn sonst die Gläubiger des verschuldeten Erben die Hand auf dessen ganzen Erbteil legen würden. Im österreichischen Recht verbleibt dem Enterbten jedenfalls der notwendige Unterhalt.

Erbunwürdig ist, wer in krimineller Weise auf den Erblasser oder seinen letzten Willen eingewirkt hat, d.h. ihn tötete oder zu töten versuchte, seinen Willen oder seine Fähigkeit, ein Testament zu schreiben, beeinträchtigte oder die Umsetzung seines Testamentes verunmöglichte. Im deutschen Recht sind auch hier die (vier) Gründe abschliessend aufgezählt. Erbunwürdigkeit kommt also erst beim Erbgang in Betracht, im Gegensatz zur Enterbung, welche schon bei der Testamentsabfassung aktuell ist. Die Erbunwürdigkeit wirkt nur persönlich, d.h. an die Stelle des Erbunwürdigen treten dessen Nachkommen, wie wenn der Erbunwürdige vor dem Erblasser verstorben wäre.

3.3 Der Nachlass

3.3.1 Was gehört zum Nachlass?

Der Erblasser (oder selbstverständlich die Erblasserin – das Erbrecht und heute auch das Güterrecht kennen keine Unterschiede des Geschlechts) kann in seinem Testament nur über das verfügen, was ihm zusteht. Sein Vermögen kann sich vom Augenblick der Testamentsabfassung bis zum Tode noch wesentlich verändern, und zwar indem er etwa selber noch erbt, Schenkungen erwirbt oder ausrichtet, Wertschwankungen auf Wertpapieren oder Liegenschaften erleidet, einen Lotteriegewinn erzielt oder schlicht von seinem Vermögen zehrt usw. Jede Testamentsabfassung unterliegt also einem faktischen Vorbehalt der Wertveränderung. Zum Nachlass gehört schliesslich, was dem Erblasser im Augenblick seines Todes zusteht. Der Nachlass, auch «Erbmasse» oder kurz «Masse» genannt, umfasst sein ganzes Vermögen zum Todeszeitpunkt, mit Ausnahme der höchstpersönlichen Ansprüche (z.B. Schmerzensgeld).

Zum Vermögen einer natürlichen Personen bzw. zum Nachlass gehören Bargeld, Sachen (bewegliche Gegenstände und Immobilien), geldwerte Rechte wie Geldforderungen (Wertpapiere, Darlehensansprüche) und Leistungsansprüche, beschränkte dingliche Rechte wie Dienstbarkeiten (z.B. Baurechte, Wohnrechte), aber auch Nutzungsrechte (Lizenz, Patent, Wohnrecht, Nutzniessung/Niessbrauch usw.). Beim Vermögen negativ zu berücksichtigen sind sämtliche Schulden des Verstorbenen gegenüber Dritten. Dazu (bzw. nicht in den Nachlass) gehören bei Verheirateten insbesondere die güterrechtlichen Ansprüche des überlebenden Ehegatten – darauf wird im Folgenden zurückzukommen sein, denn vor der erbrechtlichen Teilung kommt die Auflösung des ehelichen Güterstandes.

Nach dem Tode des Erblassers vermindern die so genannten Masseschulden den Wert des Gesamtnachlasses, namentlich die Kosten für die Beerdigung und das Leichenmahl, das Grab und den Grabunterhalt, die Erbteilung und eine allfällige Willensvollstreckung, Gebühren und allfällige Steuern usw.

Nicht in die Erbmasse fallen hingegen die Leistungen einer Lebensversicherung: Den Leistungsanspruch gegen den Versicherer erwirbt gemäss Versicherungsvertrag eine oder mehrere andere Personen als der (verstorbene) Versicherte, und zwar auch dann, wenn in der Police «die Erben» als Begünstigte bezeichnet sind. Auch ein allfälliger Rückkaufswert der Lebensversicherung, welcher dem Verstorbenen zu Lebzeiten zugestanden hätte, fällt ausser Betracht. Denn dieser Anspruch erlosch im Augenblick des Ablebens.

Das Vermögen geht im Augenblick des Todes des Erblassers so auf alle Erben gemeinsam über, wie es der Erblasser hinterlassen hat: Die Mitglieder

der Erbengemeinschaft bilden eine so genannte Gesamthandschaft, welche im Augenblick des Todes solidarisch in alle Rechte und Pflichten des Erblassers eintritt. Dementsprechend können auch Dritte gegen die Erben nur diejenigen Ansprüche erheben, welche sie auch gegenüber dem Erblasser hätten durchsetzen können. Dies gilt grundsätzlich unabhängig davon, ob sich aus der Gegenüberstellung von Aktiven und Passiven ein positiver oder ein negativer Saldo (Nachlass überschuldet) ergibt. So können Spielschulden, Schulden aus einem unsittlichen Geschäft, verjährte Forderungen oder rein moralische Verpflichtungen auch bei den Erben nicht eingetrieben werden. Wenn solche «moralische Schulden» von Erben trotzdem honoriert werden, erfolgt dies nicht aufgrund einer durchsetzbaren Verpflichtung, sondern allenfalls wiederum aus moralischer Freiwilligkeit. Solche Leistungen oder Forderungen sind auch nicht unter den Erben anrechenbar.

Die gesetzlichen wie die eingesetzten Erben und die Vermächtnisnehmer haben indes das Recht, ihren Erbteil oder das Vermächtnis auszuschlagen. Das werden sie insbesondere dann tun, wenn der Nachlass überschuldet ist.

3.3.2 Das eheliche Güterrecht

Jede verheiratete Person steht unter einem ehelichen Güterstand, welcher entweder von Gesetzes wegen, d.h. automatisch, oder durch Richterentscheid oder durch notariell beglaubigten Ehevertrag herbeigeführt oder verändert werden kann. Die Güterstände, weitgehend deckungsgleich auch als «Erbstatut» oder als «Güterstatut» bezeichnet, legen fest, wer von den Gatten Anspruch auf die einzelnen Teile des ehelichen Vermögens hat bzw. was Eigengut der jeweiligen Gatten ist und was beiden gemeinsam gehört. Sie entscheiden auch darüber, wie das gemeinsam Erworbene bei der Auflösung der Ehe – sei es wegen Todes eines Gatten oder wegen Scheidung – aufgeteilt wird. Das Eigengut des Verstorbenen fällt immer in seinen Nachlass, im Gegensatz zum Eigengut des überlebenden Ehegatten.

Wie oben bereits kurz ausgeführt, ist zur Berechnung des Nachlasses und somit auch der Erbteile festzustellen, was in den Nachlass des Erblassers fällt und was nicht, weil entsprechendes – in der Schweiz und in Österreich vorweg und ausserhalb des Erbgangs – aufgrund der güterrechtlichen Auseinandersetzung dem überlebenden Ehegatten gehört.

Durch güterrechtliche Regelungen in einem (notariellen) Ehevertrag haben viele Eheleute dem überlebenden Teil schon zu Lebzeiten die Fortsetzung des gewohnten Lebensstils gesichert. Oft sind die Eheverträge mit einem (ebenfalls notariellen) Erbvertrag kombiniert. Eheverträge legen gegenseitig finanzielle Rechte und Pflichten der Eheleute fest und können nur im gegenseitigen Einverständnis geändert oder aufgelöst werden. Diese Verträge zwischen den Gatten entfalten auch gegenüber den Erben ihre Wirkung, indem sie den Umfang der Vermögen der Ehegatten beeinflussen und somit testamentarischen Anordnungen vorgehen: Was dem überlebenden Ehegatten aufgrund von Güterrecht zusteht, entgeht dem Erbgang vollständig. Das heisst, diese Vermögensteile fallen nicht in die Erbmasse, und deshalb finden darüber kein Erbgang, keine Verteilung, keine erbschaftssteuerliche Belastung etc. statt. Trotzdem haben bei der güterrechtlichen Auseinandersetzung die Erben gleichermassen wie bei der Erbteilung mitzuwirken.

Es entspricht tatsächlich dem Willen des Gesetzgebers, dass der überlebende Ehegatte einerseits von Güterrechts wegen, anderseits wegen seiner namhaften Beteiligung am Nachlass des Verstorbenen und unter Berücksichtigung seiner allein geringeren Lebenshaltungskosten nach dem Ableben des Partners in der Regel nicht schlechter gestellt sein soll als vorher. Diese Verhältnisse können sowohl auf Seiten des Güterrechts durch einen Ehevertrag als auch mit einem Erbvertrag oder einem Testament auf den Todesfall hin noch wesentlich beeinflusst werden.

Es würde allerdings den Rahmen dieses Handbuches für Fundraiser überschreiten, die güterrechtlichen Faktoren im Detail zu erläutern. Eine güterrechtliche Beratung dürfte sich nicht nur in der Regel zu Ungunsten der vom Legatsucher vertretenen Institution auswirken, sondern ist auch grundsätzlich nicht Sache des Fundraisers. Vor allem sind ohne gründliche Kenntnis der gesetzgeberischen Konzeption einerseits und der Bedürfnisse des Einzelfalles anderseits keine seriösen Beratungsempfehlungen abzugeben. Und schliesslich kann hier auch nicht auf die ausdrücklichen Regelungen in den einzelnen deutschsprachigen Ländern näher eingegangen werden. Die folgenden Kapitel beschränken sich darum auf wenige Hinweise zur schweizerischen Gesetzgebung, soweit sie in den anderen interessierenden Gesetzgebungen Parallelen finden.

3.3.2.1 Die Errungenschaftsbeteiligung

Liegt zwischen den Eheleuten kein Ehevertrag vor, so stehen sie heute in der Regel unter einem Güterstand, welcher sowohl gemeinsame wie auch getrennte Vermögensmassen vorsieht. In der Schweiz heisst dieser ordentliche Güterstand «Errungenschaftsbeteiligung», in Deutschland «Zugewinnsgemeinschaft». Er charakterisiert sich dadurch, dass das so genannte Eigengut auf jeder Seite die persönlichen Gegenstände sowie all das umfasst, was der betreffende Gatte beim Eheschluss schon besass oder später während der Ehe unentgeltlich erwarb (Schenkungen, Erbteile und Vermächtnisse, Lotteriegewinne usw.). Die Errungenschaft, in Deutschland der Zugewinn, umfasst namentlich das während der Ehe gemeinsam Ersparte, d.h. was vom Arbeitserwerb inkl. Pensionskassenguthaben und an Vermögenserträgen übrig geblieben ist.

Bei der Auflösung des Güterstandes werden rechnerisch zuerst die Schulden der Ehegatten untereinander beglichen und eines jeden Eigengut und Errungenschaft ausgeschieden sowie die übermässigen Veräusserungen aufgerechnet. Ergibt sich ein positiver Saldo, wird dieser «Vorschlag» genannt; ein negativer heisst «Rückschlag». Vom Vorschlag eines jeden Gatten steht bei der Auflösung des Güterstandes der Errungenschaftsbeteiligung wie auch der Zugewinnsbeteiligung die Hälfte dem anderen zu; ein allfälliger Rückschlag wird nicht geteilt.

Durch Ehevertrag können aber auch Vermögenswerte aus der Errungenschaft, die zur beruflichen Entwicklung bestimmt sind, zu Eigengut des einen Gatten erklärt oder auch eine andere als hälftige Teilung des Vorschlags vereinbart werden.

3.3.2.2   Die Güterverbindung

Die so genannte Güterverbindung wird hier nur noch für die auslaufende Zahl der altrechtlichen Güterstände in der Schweiz erwähnt. Bis 1988 war sie der gesetzliche Güterstand, unter welchem die meisten Eheleute standen, wenn sie nichts anderes vereinbarten. Bei ihr stehen vom Vorschlag $^2/_3$ dem Ehemann und $^1/_3$ der Ehefrau zu; einen Rückschlag trägt der Ehemann allein. Diverse Detailregelungen mildern die negativen Folgen dieses Güterstandes. Heute wird die Güterverbindung kaum noch eingegangen. Einzelne Paare führen die Güterverbindung aber aufgrund einer Beibehaltserklärung noch heute fort. Häufiger dürften die vor 1988 eheverträglich vereinbarten Zuweisungen des ganzen Vorschlags an den überlebenden Ehegatten noch zum Vollzug kommen. Ist dies der Fall, so beschränken sich der Nachlass des Erstverstorbenen und dessen Aufteilung auf sein Eigengut. Wo heute noch Güterverbindung besteht, liegt also mit etlicher Wahrscheinlichkeit ein Ehevertrag vor, dessen Regelungen unbedingt zu beachten sind.

3.3.2.3   Die Gütergemeinschaft

Die Gütergemeinschaft sieht gemeinsames Eigentum beider Gatten an allem ausser den persönlichen Gegenständen vor. Durch Ehevertrag können allerdings konkrete Werte zu Eigengut und damit zum persönlichen Eigentum des einen Gatten erklärt werden. Es kann durch Ehevertrag aber auch festgelegt werden, dass beim Tod des einen Gatten das Gesamtgut nicht halbiert, sondern ganz dem andern zugewiesen wird, mit der Folge, dass ausser den persönlichen Gegenständen (und dem, was zu Eigengut erklärt wurde) kein Nachlassvermögen verteilt werden kann. Eine solche güterrechtliche Begünstigung darf allerdings kraft ausdrücklicher gesetzlicher Regelung keine Pflichtteile der Nachkommen verletzen, wohl aber diejenigen der Eltern.

3.2.2.4   Die Gütertrennung

Gütertrennung tritt ein, wenn ein Ehegatte in den Konkurs fällt oder bei gerichtlicher Trennung der Ehe. Sie kann vom Richter auch unter anderen Umständen angeordnet oder mit Ehevertrag vereinbart werden, und zwar erfolgt dies am häufigsten, wenn ein Ehegatte den andern vor den Risiken seines Geschäftes bewahren will. Bei der Gütertrennung gibt es grundsätzlich keine gemeinsamen Vermögenswerte: Was jeder Ehegatte erwirbt, gehört nur ihm allein. Güterrechtlich herrschen grundsätzlich die gleichen Bedingungen wie bei Geschiedenen. Dementsprechend erübrigt sich beim Erbgang eine güterrechtliche Auseinandersetzung.

3.3.3   Der gesetzliche Erbteil

Als «gesetzlichen Erbteil» bezeichnet man jenen Teil des Netto-Nachlasses, der einem gesetzlichen Erben durch das Gesetz zusteht. Er entspricht einer rechnerischen Grösse, einem abstrakten Geldbetrag, d.h. erst bei der Erbteilung wird festgelegt, welche konkreten Gegenstände, Sachen und Rechte/Ansprüche im Erbteil ihren Gegenwert haben und unter dem Titel des Erbteils persönliches Eigentum des Erben werden.

Der gesetzliche Erbteil geniesst weder im Bestand noch im Umfang einen vollständigen Schutz des Gesetzes:

- Die gesetzlichen Erbteile der entfernteren Verwandten werden vom Gesetz selber vollständig ausser Kraft gesetzt, wenn ein näherer Verwandter zum Zuge kommt.

- Die Kürzung aller gesetzlichen Erbteile ist vom Gesetz ausdrücklich vorgesehen: Der Erblasser kann jeden gesetzlichen Erbteil – je nach Nähe der Verwandtschaft des betreffenden Erben in unterschiedlichem Ausmass – mit einer letztwilligen Verfügung (Testament) verringern oder gar ganz aufheben.

- Das Gesetz verschafft den gesetzlichen Erben für ihre gesetzlichen Erbteile nicht einmal im Umfang ihrer Pflichtteile einen automatischen Schutz, sondern stellt ihnen nur das Instrumentarium zur Verfügung, mit dem sie die Respektierung ihrer Pflichtteile selber durchsetzen können, notfalls vor dem Richter.

Die gesetzlichen Erbteile kommen also – in jedem Falle und mindestens teilweise – nur subsidiär zum Tragen: Die testamentarisch verfügten Erbteile und die Vermächtnisse gehen zu ihren Lasten. Das bereitet den gesetzlichen Erben gelegentlich Mühe, wenn plötzlich fremde Personen und die Vertreter begünstigter Institutionen mit ihnen am Erbentisch gleiche Rechte in Anspruch nehmen (können). Für die Vertreter der Organisationen ist die Situation oft emotional heikel. Da gilt es jeweils darauf hinzuweisen, dass es nicht der Entscheid der Institution war, sie mit einem Legat zu begünstigen, sondern der letzte Wille des verstorbenen Gönners, den sie unter allen Umständen respektiere. Tatsächlich werden Institutionen und Personen ausserhalb der engsten Familie nie ausser entsprechend dem ausdrücklichen und eindeutigen testamentarischen Entscheid des Verstorbenen berufen. (Diese Einsicht kann den gesetzlichen Erben niemand abnehmen.)

3.3.4   Der Pflichtteil

Oft ist der Erblasser bei der Abfassung seines Testamentes nicht ganz frei. Unter den nächsten gesetzlichen Erben geniessen einige für den Fall, dass sie als Erben zum Zuge kommen, für einen Teil ihres gesetzlichen Erbteils einen Anspruch und den Schutz des Gesetzgebers. Dieser geschützte Teil heisst «Pflichtteil».

Als Erben in ihren Pflichtteilen geschützt werden nur die Nachkommen, die Eltern und der überlebende Ehegatte. Weitere Erben, wie zum Beispiel Geschwister, entferntere Verwandte oder der Staat, kommen nicht in den Genuss eines Pflichtteilschutzes. Der Pflichtteilschutz kann als Ausfluss der historischen Verbundenheit in der traditionellen Grossfamilie verstanden werden, wo früher die faktische Lebensgemeinschaft in einem gemeinsamen Haushalt funktionierte. Obschon der Grossfamilienhaushalt heute nur mehr selten vorkommt, gilt der Pflichtteilschutz in den breitesten Bevölkerungsschichten als gerecht und gut. Nach einer rechtlichen Betrachtungsweise kann der Pflichtteilschutz als Korrelat der familienrechtlichen Unterstützungspflicht gelten: Die gleichen Personen werden im Erbgang privilegiert, welche einander auch zu Lebzeiten (mindestens moralisch) zu Obhut und Unterhaltsleistungen verpflichtet sind:

- Die Nachkommen, welche als Erben zum Zuge kommen, geniessen für $^3/_4$ ihres gesetzlichen Erbteils den Pflichtteilschutz.

- Dem überlebenden Ehegatten ist ½ seines gesetzlichen Erbteils als Pflichtteil gesichert.

- Den Eltern des Verstorbenen kann nicht mehr als ½ ihres gesetzlichen Erbanspruchs gegen ihren Willen entzogen werden. Sind Nachkommen des Erblassers vorhanden, kommen die Eltern nicht zum Zuge, so dass ihnen auch kein Pflichtteil gesichert ist.

- Nach deutschem Recht besteht generell der Pflichtteil in der Hälfte des Wertes des gesetzlichen Erbteils.

Über diese Pflichtteile kann der Erblasser nicht definitiv verfügen. Sie sind – wenn der Erbe nicht selber eingewirkt hat (Beispiele: Erbverzicht, Ausschlagung der Erbschaft, Enterbung oder Erbunwürdigkeit) – grundsätzlich zu respektieren. Testamentarisch oder mit Erbvertrag kann somit in der Regel nur über den ganzen nicht pflichtteilgeschützten Rest des Nachlasses abschliessend verfügt werden.

Es ist nicht selten, dass ein Erblasser in seinem Testament oder Erbvertrag durch zu hohe Vermächtnisse, Erbvorbezüge, Erbabfindungen oder Schenkungen in den letzten fünf Jahren vor dem Erbfall oder durch irgendwelche anderen Begünstigungen Pflichtteile verletzt. Die zu Schaden gekommenen Pflichterben können dann ihre Pflichtteile richterlich durchsetzen, indem sie deren Wiederherstellung bzw. die Herabsetzung der anderweitigen Begünstigungen verlangen (in erster Linie zulasten der testamentarischen Erbteile, in zweiter Linie auch zulasten der Vermächtnisse). Es steht den Pflichterben allerdings frei, diese Klage in Respektierung des Testaments zu unterlassen. Das bedeutet, dass ein Testament, ein Erbvertrag oder eine Schenkung, welche Pflichtteile verletzen, nicht automatisch ungültig sind, sondern nur anfechtbar.

Tatsächlich ist die Höhe der Pflichtteile im Augenblick des Erbvertrags, der Schenkung oder der Abfassung des Testaments ja nicht für den Todeszeitpunkt feststellbar, denn bis zu jenem Tag können noch Erben geboren werden oder versterben, es kann geschieden, geerbt, Geld erworben und ausgegeben werden, so dass sich das Vermögen noch namhaft verändert.

3.3.5   Die verfügbare Quote

Der nicht pflichtteilsgeschützte Anteil der Erbschaft wird als «verfügbare Quote» bezeichnet. Sie ist der zu den Pflichtteilen komplementäre Teil des Nachlasses. Über sie kann der Erblasser nach Gutdünken und Willkür bestimmen. Dabei muss er weder einer Logik folgen noch bedarf er einer Rechtfertigung für sein Tun. Übertreibt er allerdings allzu krass, riskiert er, dass seine Urteils- und Verfügungsfähigkeit im Augenblick der Testamentsabfassung nachträglich in Zweifel gezogen bzw. die Gültigkeit seines Testaments vor dem Richter angefochten wird. Der Anfechtung eines letzten Willens wegen mangelnder Verfügungsfähigkeit kann am wirksamsten durch die Errichtung eines öffentlichen (notariellen) Testaments (siehe unten) begegnet werden.

Wie sich die verfügbare Quote im Laufe der Zeit verändern kann, veranschaulichen die folgenden Beispiele:

- Hinterlässt der Erblasser einen Gatten sowie Nachkommen, so hat der überlebende Ehegatte einen Pflichtteil in der Höhe der Hälfte seiner gesetzlichen Hälfte, also $^2/_8$ des gesamten Nachlasses zugute. Der geschützte Anspruch der Nachkommen beträgt $^3/_4$ ihrer (d.h. der anderen) Hälfte, also $^3/_8$. Verfügbar sind somit die restlichen $^3/_8$. Stirbt nun der Ehegatte vor dem Erblasser, so fällt der gesamte Nachlass des Erblassers an die Nachkommen. Weil deren Anteile zu $^3/_4$ geschützt sind, reduziert sich die verfügbare Quote von $^3/_8$ auf $^2/_8$ (= $^1/_4$).

- Wird ein kinderloser Erblasser von seinem Gatten und seinen Eltern überlebt, so sind vom gesetzlichen Erbteil des Gatten in der Höhe von ¾ die Hälfte (= $^3/_8$) und von den beiden Achteln von Mutter und Vater je die Hälfte (=2 x $^1/_{16}$ = $^1/_8$) pflichtteilgeschützt. Die frei verfügbare Quote beträgt nach Abzug der Pflichtteile von $^3/_8$ (Gatte) und $^1/_8$ (Eltern) noch $^4/_8$ oder die Hälfte des ganzen Nachlasses. Verstirbt indes ein Elternteil vor dem Erblasser, so treten an dessen Stelle als gesetzliche Erben die Geschwister. Geschwister haben aber keinen Pflichtteil-schutz, so dass sich der verfügbare Teil des Nachlasses um den Achtel des verstorbenen Elternteiles erhöht und der Erblasser testamentarisch statt über $^6/_{16}$ nun über $^9/_{16}$ verfügen kann.

- Verstirbt der Erblasser ledig und kinderlos und überleben ihn beide Eltern, so beträgt die verfügbare Quote ½ des Nachlasses. Erlebt indes nur ein Elternteil den Todesfall ihres Kindes, so steigt die verfügbare Quote auf $^3/_4$ des Nachlasses.

- Ganz frei kann der Erblasser über seinen gesamten Nachlass dann verfügen, wenn bei seinem Tod weder Ehegatte, Nachkommen noch Eltern (mehr) am Leben sind.

Wenn beim Ableben des Erblassers kein Testament vorliegt oder zum Vorschein kommt, fällt – wie oben ausgeführt – der ganze Nachlass an die gesetzlichen Erben, wobei die näheren Verwandten die entfernteren vom Erbrecht ausschliessen. Wie dargestellt, beträgt die verfügbare Quote in jedem denkbaren Falle mindestens $^1/_4$ des Netto-Nachlasses, unter Umständen sogar 100 Prozent. Der Erblasser ist absolut frei, in diesem Rahmen Dritte – und darunter namentlich auch gemeinnützige Institutionen – zu begünstigen.

Vermacht der Erblasser weniger, als er könnte, so fällt dieser Teil in erster Linie an die Erben, nicht aber an die Vermächtnisnehmer.

Oft denkt ein Erblasser nicht daran, dass der Tod eines nahen Verwandten auch Auswirkungen auf seinen eigenen Nachlass hat, und unterlässt es, sein Testament den veränderten Verhältnissen anzupassen. Es ist deshalb oft müssig, schon beim Verfassen des Testaments genau ausrechnen zu wollen, wie viel in abstrakten Zahlen vom Nachlass später, beim eigenen Ableben, frei verfügbar sein wird. Das kann den Berater in Versuchung führen, testierwilligen Personen kurzum anzuraten, über ihr Hab und Gut nur munter draufloszuverfügen und die effektive Verteilung den Personen nach dem eigenen Ableben zu überlassen. Sinnvoller und seriöser ist es, generell die Erben (wenn Nachkommen, Gatte oder Eltern vorhanden sind) auf ihren Pflichtteil zu setzen, nur die bei aktueller Betrachtungsweise möglichen Vermächtnisse festzuschreiben und den Rest der frei verfügbaren Quote generell einem oder mehreren Begünstigten zu vermachen.

Hat ein Erbe schon zu Lebzeiten des Erblassers von diesem eine Vermögensabtretung, einen Schuldenerlass oder dergleichen erhalten, namentlich wenn dies «auf Anrechnung zukünftiger Erbschaft» erfolgte, so ist er verpflichtet, diesen Betrag in die Erbteilung einzubringen bzw. sich als Vorbezug anrechnen zu lassen.

3.3.6 Die Instrumente der Begünstigung

3.3.6.1 Die Erbeinsetzung

Als «Erbeinsetzung» wird die Zuweisung eines Nachlasses oder dessen Restes als Ganzes oder für eine Quote bezeichnet. Die Quote kann in einem Bruchteil oder in Prozenten des gesamten Nachlasses ausgedrückt werden. Wie gross der Erbteil tatsächlich ist, stellt sich erst im Rahmen der Teilung definitiv heraus, wenn ein Inventar über Aktiven und Passiven des Nachlasses vorliegt und die Todesfallkosten feststehen. Die Erben übernehmen also Rechte und Pflichten, Guthaben und Schulden des Erblassers im vollen Umfang. Sie haben einzeln oder gemeinsam die Möglichkeit, ihren Erbteil (oder ihr Vermächtnis) auszuschlagen; das werden sie vor allem dann tun, wenn sich der Nachlass – nach Einbezug sämtlicher Aktiven und Passiven am Todestag – als überschuldet erweist.

Im Übrigen wird auf die Ausführungen oben bei Ziffer 3.2.2 verwiesen.

3.3.6.2 Das Vermächtnis

Unter einem «Vermächtnis» wird die Zuweisung von Todes wegen eines konkreten, zum Zeitpunkt der Testamentserrichtung bestimmten oder bestimmbaren Vermögensvorteils verstanden. Es kann sich um eine einzelne Sache oder einen bestimmten Geldbetrag handeln, um eine Gesamtheit von Sachen – etwa den «Schmuck», ein Konto, eine Sammlung – um ein geldwertes Recht oder um die Befreiung von einer Verbindlichkeit, sei es ganz oder zum Teil. Ein Vermächtnisnehmer hat Anspruch auf das Legat, grundsätzlich unabhängig von allfälligen Schulden des Erblassers. Belastet durch Vermächtnisse sind alle Erben gemeinsam oder im Falle ausdrücklicher Anordnung ein einzelner Erbe. Ist der Vermächtnisgegenstand im Todeszeitpunkt nicht mehr vorhanden, so entfällt auch das Vermächtnis. Die Bezeichnung von Vermächtnissen kann so weit in den Nachlass eingreifen, dass die Erbteile als überschuldet erscheinen; in diesem Falle oder wenn durch Vermächtnisse Pflichtteile angegriffen werden, können die beschwerten Erben eine verhältnismässige Herabsetzung der Vermächtnisse verlangen. Die Ausrichtung von Vermächtnisse darf ausgeschlagen bzw. es kann darauf verzichtet werden.

Im Übrigen wird auf die Ausführungen oben bei Ziffer 3.2.3 verwiesen.

3.3.6.3   Der Erbvertrag

Zu Lebzeiten abgeschlossene Erbverträge können den Bestand und Umfang des lebzeitigen Vermögens von Erblasser und Erben und/oder des Nachlasses tiefgreifend beeinflussen. Mit einem Erbvertrag – am häufigsten zwischen Ehegatten oder mit Kindern, manchmal auch zwischen Geschwistern – werden meist gegenseitige und unwiderrufliche Rechte und Pflichten festgeschrieben, von denen ein Teil erst beim Ableben einer oder mehrerer Parteien zum Vollzug kommen soll. Diese Erbverträge müssen – wegen ihrer späten und nachhaltigen Wirkung für die Parteien – zu ihrer Gültigkeit von Gesetzes wegen öffentlich (d.h. notariell) beurkundet werden und gehen späteren einseitigen Anordnungen in einem Testament vor, soweit sie den Umfang des Vermögens des Erblassers und seinen Nachlass beeinflussen. Ein Erbvertrag kann nur in den erbvertraglichen Formen abgeändert werden; für eine restlose und ersatzlose Auflösung (mit der Folge der Wiederherstellung der gesetzlichen Regelung) reicht hingegen das schriftliche Einverständnis aller Beteiligten.

3.3.6.4   Die Schenkung zu Lebzeiten

Geschenke unter Lebenden haben grundsätzlich mit dem Erbrecht nichts zu tun. Wenn ihr Umfang das Mass gängiger Gelegenheitsgeschenke aber klar übersteigt, können sie für die Berechnung der Pflichtteile und die Ausgleichspflicht unter den Erben relevant werden. Diese Relevanz ist gegeben, wenn die Begünstigung ausdrücklich «unter Anrechnung auf zukünftige Erbschaft» oder dergleichen innert der letzten fünf Jahre vor dem Erbfall oder irgendwann zur offensichtlichen Umgehung von Pflichtteilansprüchen vorgenommen wurde.

Bei der Alternative von Schenkung zu Lebzeiten und Verfügung von Todes wegen sind unter anderem die folgenden Überlegungen einzubeziehen:

- Wer sein Gut zu Lebzeiten verschenkt, kann danach nicht mehr darüber verfügen. Der Erblasser dagegen erfreut sich, so lange er lebt, seines Eigentums und hinterlässt einfach den Überrest.

- Wer zu Lebzeiten schenkt, kann die Freude der Beschenkten erleben und die zweckmässige Verwendung mitverfolgen («Gib mit warmen Händen!»).

- Steuerliche Gesichtspunkte können eine entscheidende Rolle spielen.

Schenkungen können aber auch unter Auflagen erfolgen. Eine solche Auflage kann sein, dass die Schenkung rückgängig gemacht oder dass aus dem Gegenstand der Schenkung dem Schenker während einer bestimmten Zeit eine Rente oder andere Leistung erbracht werden muss, wenn genau definierte Bedingungen (etwa eine Notlage des Schenkers) eintreten. Häufiger wird unter solchen Umständen aber etwa statt der Schenkung ein Darlehen gewährt, dessen Verzinsung und/oder Rückzahlung aufgeschoben oder nur bei einer Notlage des Darlehensgebers geltend gemacht wird bzw. auf dessen Rückzahlung zu einem späteren Zeitpunkt auch verzichtet werden kann.

3.3.6.5   Die Begünstigung aus Lebensversicherung

Von Interesse sind im vorliegenden Zusammenhang die Risiko-Lebensversicherungen, welche nicht im Erlebens-, sondern im Todesfall zu den Versicherungsleistungen führen. Wer die Begünstigten sind, richtet sich in erster Linie nach der konkreten Bezeichnung in der Police und, wenn eine solche fehlt, nach den allgemeinen Versicherungsbedingungen. Oft werden dort als Ersatz für namentlich bezeichnete Begünstigte der Ehegatte oder generell die Erben begünstigt. Diese Begünstigung kann mit Auflagen und Bedingungen verbunden werden. Deshalb kann in der Beratungspraxis des Fundraisers auch die Begünstigung seiner Institution ins Gespräch gebracht werden, allenfalls für den Fall des Vorversterbens des erstbegünstigten überlebenden Ehegatten.

Rechtlich zu beachten ist, dass Todesfallleistungen nicht in die Erbmasse fallen, sondern ausserhalb des Erbganges direkt an die Begünstigten ausgerichtet werden. Grund dafür ist, dass der Verstorbene selber keinen Anspruch auf die Versicherungsleistung hatte. Dementsprechend ist bei Lebensversicherungen mit einer Sparkapitalkomponente aber auch ihr Rückkaufswert in die Pflichtteilberechnung einzubeziehen.

3.3.6.6   Die Errichtung einer Stiftung oder eines Fonds

Die Stiftung ist ein verselbständigtes Vermögen, das einem bestimmten Zweck gewidmet ist. Die Stiftung und damit ihr Vermögen gehören ihr selber, also nicht etwa Menschen oder einer Institution. Beherrscht wird die Stiftung allein von ihrem Zweck, welchen der Stifter bei der Errichtung festgelegt hat. Dieser Zweck ist grundsätzlich nicht bzw. nur mit der Zustimmung der öffentlichen Stiftungsaufsicht veränderbar. Um handeln zu können, braucht die Stiftung mindestens ein Organ, den Stiftungsrat.

Prinzipiell können Stiftungen nach schweizerischem Recht irgendeinem Zweck dienen, also Zielsetzungen industrieller, gewerblicher, wissenschaftlicher, kultureller, religiöser oder sozialer, eigen- oder gemeinnütziger Art verfolgen. Stiftungen sind deshalb in der Schweiz auch keineswegs automatisch steuerbefreit, sondern nur dann, wenn ihre Gemeinnützigkeit von der Steuerbehörde anerkannt wird. Die Errichtung einer Stiftung erfolgt in der Schweiz entweder zu Lebzeiten vor dem Notar oder durch letztwillige Verfügung. Die behördliche Aufsicht in der Schweiz beschränkt sich im Wesentlichen darauf, dass sich die Stiftung innerhalb ihres Stiftungszweckes bewegt.

In Deutschland bestehen für Stiftungen eine behördliche Genehmigungspflicht und eine klare staatliche Aufsicht. Die Stiftung als Instrument der persönlichen Nachlassgestaltung hat dort keine so grosse Verbreitung wie in den anderen Ländern gefunden; die Gönner nutzen stattdessen die Möglichkeit, eine bereits bestehende gemeinnützige Stiftung mit eigenen Zustiftungen zu alimentieren.

Seit 1993 sind in Österreich auch Privatstiftungen mit eigennützigen Zwecken vorgesehen, etwa zur Erhaltung eines Geschäftsbetriebes ohne Zerstückelung durch Erbteilung oder zur Vermeidung unerwünschter Rechtsnachfolge; damit einher ging die Aufhebung der staatlichen Aufsicht und der Steuerbefreiung.

Die Stiftung ist immer das Ergebnis eines notariellen Aktes, und zwar auch bei der Privatstiftung von Todes wegen, welche erst im Todesfall wirksam wird, dem Erblasser also zu Lebzeiten das volle Verfügungsrecht überlässt.

Der Vorteil der Errichtung einer Stiftung besteht vor allem darin, dass die Widmung nicht an eine Institution, sondern an einen Zweck gebunden wird, etwa weil mehrere Institutionen den gleichen Zweck verfolgen, etwa der Stifter den Organen einer Institution nicht traut oder aus anderen Gründen.

Die Errichtung einer Stiftung als Instrument zur Begünstigung einer einzigen gemeinnützigen Institution ist wegen der starren Bindung der Stiftung an ihren Zweck – während sich die begünstigte Institution weiterentwickeln kann – nicht unbedingt sinnvoll. Generell ist eine allzu enge Zweckbindung einem effektiven Mitteleinsatz nicht unbedingt förderlich. Es existieren zudem bereits heute sehr viele Stiftungen, mit den unterschiedlichsten Zwecken, so dass jeweils zu fragen wäre, ob es aus der Sicht der Begünstigten nicht sinnvoller wäre, bereits bestehende Strukturen und Erfahrungen zu nutzen, als eine weitere Stiftung ins Leben zu rufen.

Die Errichtung einer neuen Stiftung kann hingegen bei anderen Zielsetzungen trotzdem empfohlen werden. Im Vordergrund steht oft die nachhaltige Würdigung des Stifters im Namen der Stiftung. Doch kann diese auch (wie ein Gönnerverein) die Rolle eines längerfristigen Finanzierungsinstrumentes mit eigenen Mechanismen von Projektauswahl und Kontrollaufgaben erhalten, in denen die Stifter (oder ihre Angehörigen) und Zustifter/Gönner im Rahmen des Stiftungszweckes ihre persönlichen Förderungsabsichten verwirklichen können.

Der Fonds (nicht zu verwechseln mit einem Anlagefonds) ist im Gegensatz zur Stiftung keine eigene juristische Person, sondern ein Vermögensteil, welcher vom übrigen Vermögen durch irgendwelche Sonderbestimmungen abgegrenzt wird. Er ist grundsätzlich Teil des Gesamtvermögens, kann prinzipiell nur interne Bedeutung haben und wird durch die betreffende Institution eingerichtet. Eigentlich ist er nichts anderes als ein Konto oder eine Kontengruppe innerhalb der ordentlichen Buchhaltung. Er fällt zusammen mit anderen Vermögensteilen in die Konkursmasse der Institution, wenn diese ihren Verbindlichkeiten anders nicht nachzukommen vermag. Die Bildung eines Fonds kann niemals dazu dienen, etwa die Aufsichtsverantwortung des obersten Organs der Institution auszuschliessen oder zu begrenzen. Fondsreglemente (inkl. Zweckbestimmung) sind im Prinzip jederzeit abänderbar. Die Sonderbestimmungen des Fonds können in einem sog. Fondsreglement umschrieben sein. Sie können die Widmung des Vermögensteiles zu einem begrenzten Zweck, eine gesonderte Rechnungslegung, spezielle Organe oder andere Eigenheiten betreffen. Die verbreitete Meinung, dass bei Fonds immer nur die Erträge, nicht aber die Substanz aufgezehrt werden dürfen, ist grundsätzlich falsch, doch kann dies in Schenkungsauflagen oder in Fondsreglementen ausdrücklich so festgelegt werden.

Der Fonds wird etwa als «der kleine Bruder der Stiftung» bezeichnet. Er unterscheidet sich von ihr dadurch, dass er nicht ein selbständiges Vermögen, sondern Teil des Vermögens einer Institution ist, und durch die jederzeitige Abänderbarkeit des Zweckes, ohne die Mitwirkung einer Aufsichtsbehörde. Wegen der fehlenden Rechtspersönlichkeit, der mangelnden Unabhängigkeit von seiner Institution und der Widerruflichkeit seines Zweckes ist ein Fonds für sich allein einer Steuerbefreiung grundsätzlich nicht zugänglich.

Der Fonds kann jedoch ein taugliches Mittel sein zur Widmung von Mitteln, welche einer Institution zu Lebzeiten oder testamentarisch zur Verfügung gestellt werden, und er kann – was aus Marketing-Gründen von Bedeutung sein kann – wie die Stiftung mit dem Andenken des Gönners verbunden werden (z.B. Elise Weibel-Fonds für Alleebäume).

3.4 Das Testament

3.4.1 Die Formen des Testaments

3.4.1.1 Das notarielle und das gerichtliche Testament

Die öffentliche Verfügung, d.h. das notarielle und in Österreich auch das gerichtliche Testament, charakterisiert sich dadurch, dass sie unter der Mitwirkung einer öffentlichen Urkundsperson und von Zeugen errichtet wird. Diese Form wird meist deshalb gewählt, weil aufgrund der besonderen Formalitäten und des erhöhten öffentlichen Glaubens einerseits das Risiko und andererseits die Erfolgsaussicht bei Anfechtungen des Testaments, etwa wegen behaupteter mangelnder Verfügungsfähigkeit aufgrund von Behinderungen oder aus anderen Gründen, faktisch wesentlich reduziert werden können.

An der öffentlichen Verfügung ist nur die Urkundsperson eine öffentliche, nicht der Inhalt. Die Urkundsperson, ausgestattet mit amtlichem Siegel, nimmt einen hoheitlichen Akt vor, welcher der sogenannte unstreitigen Gerichtsbarkeit zugerechnet wird. Der Vorgang spielt sich beispielsweise wie folgt ab: Der Text des Testaments wird vom Notar nach den Wünschen des Erblassers redigiert und ihm vorgelesen. Nachdem der Erblasser bestätigt hat, dass es seinen letzten Willen enthalte, werden die Zeugen gerufen. Vor ihnen erklärt der Erblasser nochmals, hier sei sein letzter Wille festgehalten. Daraufhin bestätigen die Zeugen unterschriftlich, dass sie diese Erklärung vernommen haben, und den Umstand, dass sich der Erblasser nach ihrer Wahrnehmung in verfügungsfähigem Zustand befinde (sie kennen also den Inhalt des Testaments nicht). Schliesslich siegelt und unterzeichnet der Notar das Original und bewahrt die Urschrift in seinem Archiv auf.

3.4.1.2 Das eigenhändige Testament

Die eigenhändige Verfügung, auch «eigenhändiges Testament» genannt, ist in allen Ländern des europäischen Kulturkreises die meistverbreitete Form des Testierens. Zu ihrer Gültigkeit muss sie von Anfang bis Schluss handschriftlich vom Erblasser niedergeschrieben, mit Ort sowie genauem Datum der Errichtung versehen und unterschrieben werden.

Die Gewähr, dass auch diese Art Testament tatsächlich umgesetzt wird, kann einerseits durch die Aufbewahrung des Testaments selber an einem sicheren Ort zu Hause, bei vertrauenswürdigen Freunden, bei der Bank oder schliesslich bei der Wohnsitzgemeinde oder nach kantonalem Recht bei einer anderen Amtsstelle erhöht werden. Aber auch der an einer oder mehreren geeigneten Stellen hinterlegte schriftliche Hinweis, dass ein Testament existiert und wo es sich befindet, ist sehr sinnvoll. So bietet der Schweizerische Notarenverband sein zentrales Testamentsregister zur Registrierung letztwilliger Verfügungen an. Und eine internationale Konvention des Europarates sieht vor, welche Mindestanforderungen die Staaten bei der Registrierung, Aufbewahrung und Auslieferung von Testamenten zu erfüllen haben.

Alle Formen von Testamenten können jederzeit vernichtet oder durch ein neues Testament aufgehoben, ergänzt oder ersetzt werden.

3.4.1.3   Das mündliche Testament

Die mündliche Verfügung wird in der Schweiz auch «Nottestament» genannt und kann dann gewählt werden, wenn der Erblasser aufgrund ausserordentlicher Ereignisse, namentlich in Todesgefahr, sich keiner anderen Verfügungsformen bedienen kann. Zwei Zeugen müssen die Verfügung entgegennehmen, so rasch als möglich schriftlich festhalten und bei einer Gerichtsbehörde niederlegen. Kann der Erblasser nachträglich eine andere Verfügungsform wählen, fällt die Gültigkeit des Nottestaments nach vierzehn Tagen dahin.

In Deutschland wird das Nottestament unter den gleichen Gründen vor dem Bürgermeister abgegeben. In Österreich und Liechtenstein ist das mündliche Testament nicht an den Notfall gebunden und muss nicht öffentlich registriert werden. Es hat auch nicht die zeitlich beschränkte Gültigkeit, erfordert aber die Mitwirkung von drei Zeugen.

3.4.1.4 Das fremdhändige Testament

Diese Errichtungsform ist in Österreich und Liechtenstein vorgesehen und kann mit PC, Schreibmaschine oder von Dritten niedergeschrieben werden. Der Testator muss dann drei Zeugen, davon zwei gleichzeitig anwesenden, erklären und von ihnen schriftlich auf dem Dokument bestätigen lassen, dass das Schriftstück seinen letzten Willen enthalte.

3.4.1.5 Das gemeinschaftliche Testament

Von einem «gemeinschaftlichen Testament» spricht man in Deutschland, Österreich und Liechtenstein, wenn Ehegatten einander begünstigen. Es können zusätzlich auch noch andere Personen begünstigt werden. Ein gemeinschaftliches Testament wird von beiden Gatten eigenhändig verfasst, und das Besondere ist bzw. es ist genau abzuklären, was mit dem anderen Testament geschieht, wenn eines widerrufen wird: In Österreich gelten beide Testamente – wenn nichts anderes bestimmt wurde – als unbedingt, d.h. auch wenn ein Gatte sein Testament widerruft oder zu Ungunsten des anderen abändert, wird dadurch das andere nicht beeinflusst. In Deutschland fällt die Verbindlichkeit auch für den anderen Gatten dahin, wenn das Testament durch den einen aufgehoben oder ersetzt wird; beide Testamente gelten in der Regel als wechselseitig. Jegliche Unsicherheiten können beseitigt werden, wenn jeder Gatte den anderen – ohne gegenseitige Bedingtheit und nach aussen unabhängig voneinander – begünstigt.

3.4.1.6 Das Berliner Testament

Als «Berliner Testament» bezeichnet man im deutschen Erbrecht ein Testament von Ehepartnern oder Lebenspartnern, in dem diese sich gegenseitig als Alleinerben einsetzen. Dies geschieht in Form eines gemeinschaftlichen Testaments. Das andere Testament entfällt –, im Gegensatz zur österreichischen Lösung – wenn eines widerrufen wird, d.h. es wird als «wechselseitig» bezeichnet. Zweck des Berliner Testaments ist es, sicherzustellen, dass der überlebende Ehepartner auf gewohntem Niveau und in gewohnter Umgebung weiterleben kann. Das Pflichtteilrecht der Kinder kann mit dem Berliner

Testament nicht ausgeschlossen werden. Es ist jedoch üblich, dass ein Kind, das nach dem Tod des erstversterbenden Gatten den Pflichtteil verlangt, auch nach dem Tod des Zweitversterbenden auf den Pflichtteil gesetzt werden soll, um es nicht gegenüber seinen Geschwistern, welche im ersten Erbgang nicht ihren Pflichtteil verlangten, besser zu stellen.

3.4.2 Die Ziele der Testamentsabfassung

Das Ziel jeder Abfassung eines Testaments ist es, eine den persönlichen Bedürfnissen und Wünschen des Testators besser entsprechende Regelung des Nachlasses zu treffen, als dies die Lösung des Gesetzgebers tut. Tatsächlich enthält die gesetzliche Erbfolge eine Lösung, welche vor rund hundert Jahren einem allgemeinen Volksempfinden der Gerechtigkeit entsprach und offenbar bis heute nicht auf grundsätzliche Ablehnung stösst. Sie entsprach offenbar auch soziologischen Randbedingungen, welche sich allerdings in den vergangenen Jahrzehnten in mancherlei Hinsicht verändert haben. Diese Veränderungen werden aber nicht wahrgenommen, wollen nicht wahrgenommen werden oder entsprechen aus anderen Gründen weiterhin dem Rechtsempfinden der massgeblichen Bevölkerungsschichten. In der zunehmend heterogenen Gesellschaft kann die gesetzliche Erbfolge mehr denn je nicht konkret und gezielt auf individuelle Beziehungen, Werthaltungen und Vermögensverhältnisse eingehen.

3.4.2.1 Die Begünstigung des überlebenden Ehegatten

Viele Eheleute wollen dem überlebenden Ehegatten durch eine maximale Begünstigung die Fortsetzung des bisherigen Lebensstils und zusätzliche finanzielle Sicherheit durch einen möglichst grossen Teil des Vermögens verschaffen. Die verbreitete Meinung, der überlebende Ehegatte werde automatisch alleiniger Eigentümer des gesamten ehelichen Vermögens, ist nur bedingt richtig: Begrenzt wird sein Anspruch von Gesetzes wegen durch formelle Anforderungen (Ehe- und/oder Erbvertrag) sowie durch den Pflichtteilschutz der anderen Erben. Richtig ist immerhin, dass der überlebende Ehegatte, wenn noch Nachkommen da sind, schon ohne Testament im Normalfall (je nach Güterstand) die Hälfte aus Güterrecht und einen weiteren Viertel aufgrund des Erbrechts behält und so weiterhin über eine vergleichbare Kaufkraft verfügt.

Wenn die anderen pflichtteilgeschützten Erben nicht opponieren, können die Ehegatten einander das ganze Hab und Gut hinterlassen. Wo nur gemeinsame Nachkommen vorhanden sind, führt das für diese lediglich zu einem Erbaufschub, und sie werden eine solche Regelung eher akzeptieren. Wo aber Eltern oder Nachkommen nur eines Ehegatten vorhanden sind, kann die Zuweisung an den Stiefelternteil für sie zum vollständigen oder teilweisen Verlust ihrer Ansprüche führen, denn die Stiefkinder wie auch die Schwiegereltern sind nicht blutsverwandt und haben daher auch kein gesetzliches Erbrecht. Dem kann allerdings formell mit einem Testament oder einem Erbvertrag weitgehend abgeholfen werden, materiell mit der ausdrücklichen Begünstigung der Angehörigen des Erstversterbenden, formell etwa in einer Nacherben- oder einer Ersatzerbeneinsetzung.

Das Einräumen einer Nutzniessung, beim Wohnhaus auch etwa eines lebenslänglichen Wohnrechts, kann hier oft befriedigende Abhilfe schaffen. Die durch das Nutzniessungsrecht belasteten, pflichtteilgeschützten Erben erwerben dann vorläufig nur das «nackte Eigentum», welches für sie immerhin als Sicherheit für ein Bankdarlehen nutzbar ist. Der Nutzniesser aber bezahlt sämtliche Lasten (Unterhaltskosten, Liegenschaftssteuern, Hypothekarzinsen, Gebäudeversicherungsprämien etc.) des von ihm genutzten Hauses. Bei der Berechnung, ob die Pflichtteile eingehalten oder verletzt werden, wird die Nutzniessung mit einem anhand der verbleibenden Lebenserwartung kapitalisierten Wert beziffert, das Eigentum der Liegenschaft mit dem Handelswert abzüglich des Werts der Nutzniessung. Je jünger also der überlebende nutzniessungsberechtigte Ehegatte ist, umso niedriger wird das Eigentum an der nutzniessungsbelasteten Liegenschaft veranschlagt.

Eine allgemein gültige Empfehlung, wie eine maximale Begünstigung des überlebenden Ehegatten zu bewerkstelligen sei, lässt sich indes nicht abgeben. Generell kann dem Fundraiser aber geraten werden, sich nicht für die von ihm vertretene Organisation mit dem überlebenden Ehegatten anzulegen. Dies vor allem, weil er ohnehin in den wenigsten Fällen eine innige Lebenspartnerschaft zu übertrumpfen in der Lage sein dürfte, aber auch weil er sich für die Nachlassregelung des zweitversterbenden Gatten in eine Erfolgsposition bringen sollte. Nicht zuletzt können auch steuerliche Gesichtspunkte eine gewichtige Rolle spielen. Die Unterschiede zwischen den staatlichen Regelungen (und sogar zwischen den Kantonen) können viel mehr bedeuten als nur unterschiedliche Steuersätze. Und schliesslich bieten ehe- und erbvertragliche Regelungen, Darlehen und Schenkung zu Lebzeiten – mit oder ohne Anrechnung auf künftige Erbschaft – sowie die Begünstigung aus Lebensversicherungen oft alternative und gar besser massgeschneiderte Möglichkeiten zur maximalen testamentarischen Begünstigung des überlebenden Ehegatten.

Dass die gleichgeschlechtliche registrierte Partnerschaft in Deutschland und der Schweiz erbrechtlich der Ehe gleichgestellt ist, wurde bereits oben festgestellt.

3.4.2.2 Die Begünstigung des Partners ohne Trauschein (Konkubinatspartner)

Das Konkubinat, die eheähnliche Lebensgemeinschaft ohne Trauschein, ist heute ein häufiger und wichtiger Grund für die Abfassung eines Testaments. Es ist auch der häufigste Anlass dafür, dass Eltern zu Gunsten des Lebenspartners eines Nachkommen einen Erbverzichtsvertrag (siehe oben) eingehen: Meist stellen sie so die Partnerschaft einer Ehe gleich und verzichten zu Gunsten des Konkubinatspartners auf ihre Pflichtteile. Die heutige Relevanz des Konkubinats zu Gunsten der gemeinnützigen Institutionen wird durch den Umstand unterstrichen, dass unter den Gross- und Legatspendern der Anteil der im Konkubinat lebenden Personen offenbar signifikant grösser ist als im Durchschnitt der Gesamtbevölkerung. Auch muss aus den nachfolgend dargestellten Gründen bei Personen im Konkubinat in der Regel nicht lange für das Abfassen eines Testaments geworben werden.

Konkubinatspartner stehen nach geltendem Recht zueinander in keiner familienrechtlichen Verbindung oder privilegierten Rechtsstellung. Das alte Spannungsverhältnis kam im Code Napoléon etwa so zum Ausdruck: «Les concubins se passent de la loi – la loi se désintéresse d'eux.» Sie werden denn auch im Schweizer Recht bisher allgemein gleich behandelt wie irgendwelche aussenstehende Personen untereinander und sind darum auf die auch sonst allgemein zugänglichen Vertrags- und Verfügungsmöglichkeiten verwiesen. Immerhin werden heute die unter ihnen abgeschlossenen Verträge nicht mehr als ungültig betrachtet, wie das noch vor wenigen Jahrzehnten der Fall war, als das Zusammenleben ohne Trauschein als unsittlicher Rechtsgrund galt. Es bestehen sogar Bestrebungen, für Konkubinatspaare vergleichbare gesetzliche Regelungen wie diejenigen für registrierte gleichgeschlechtliche Partnerschaft bereitzustellen.

Der Konkubinatspartner hat kein gesetzliches Erbrecht. Soll er begünstigt werden, so ist sein Partner auf den erbvertraglichen oder den testamentarischen Weg verwiesen. Die Möglichkeit zur Begünstigung beschränkt sich auf den verfügbaren Teil des Nachlasses, d.h. es sind allfällige Pflichtteile gesetzlicher Erben zu respektieren, es sei denn, es liege (wie oben angetönt) ein Erbverzichtsvertrag vor.

Auch bei der Erbschaftssteuer kommen die Konkubinatspartner in den meisten Kantonen nicht wie Verwandte in den Genuss privilegierter Steuersätze. Der Staat ist deshalb an einer erbrechtlichen Begünstigung der Konkubinatspartner fiskalisch interessiert.

3.4.2.3 Die Erhaltung eines Familienbetriebes

Wenn die Erhaltung eines Familienbetriebes, allenfalls sogar unter der Leitung eines oder mehrerer Familienmitglieder, zu den Zielsetzungen der Nachlassregelung gehört, dürften das Erbrecht und das Testament allein in aller Regel überfordert sein. Diese Zielsetzung erheischt eine eigentliche, langfristige Nachfolge- und Personalplanung. Die Erhaltung des Familienbetriebes überhaupt und die Sicherstellung seiner finanziellen Unabhängigkeit sind sehr oft von zentraler Bedeutung. Der Fundraiser gemeinnütziger Institutionen wird sich in den Fällen anstehender Betriebsübergabe meist darauf beschränken müssen, die Möglichkeiten einer teilweisen Begünstigung seiner Institution in Betracht zu bringen.

3.4.2.4 Die Begünstigung der nächsten Freunde und Verwandten

Oft sind es die Beziehung zu lieben Freunden und die Dankbarkeit für erfahrene Liebe und Treue, die zur Begünstigung führen. Auch Familientradition kommt in Frage, besonders wenn es um Familienerbstücke geht oder um das Zusammenhalten von Familiensitz, des Elternhauses, eines Familienbetriebes etc., welche nach dem Ableben in die geeignetsten Hände gelangen sollen. Tradition spielt auch mit, wenn Paten ihrem Patenkind als besondere Aufmerksamkeit und Zeichen der Verbundenheit ein Vermächtnis ausrichten. Diese Zielsetzungen können im Rahmen von Erbteilen oft weitgehend bereits durch spezielle Teilungsvorschriften (z.B. Zuweisung bestimmter Gegenstände) erreicht werden. Dankbarkeit für eine liebevolle Betreuung und Pflege führen oft auch zur Begünstigung von Pflegepersonen oder von Organisationen, welche sich um die Erforschung oder Linderung von besonderen Krankheiten kümmern.

3.4.2.5 «Pendenzen» und Werte des Testamentsverfassers

Das Testament ist die letzte Gelegenheit, seinem Leben einen Sinn zu geben. Es ist die Gelegenheit, zu Lebzeiten Unmögliches oder Versäumtes nachzuholen. In diesem Sinne können der Testamentserrichtung Analogien zum mittelalterlichen Ablasswesen nachgesagt werden. Mit einem Testament können auch Werthaltungen und ideelle Zielsetzungen zum Ausdruck gebracht werden. Wenn der Testator zurückschaut, wird er meist in Dankbarkeit eher Gatten, Verwandte und Freunde begünstigen; demgegenüber bedingen die Erhaltung eines Unternehmens und die Begünstigung gemeinnütziger Institutionen den Blick nach vorn und die Frage, welche Möglichkeiten und Potenziale durch die Zuwendungen in der Zukunft eröffnet werden können. Ein Wert, den der Verfasser eines Testaments auch in jedem Fall verfolgen kann, ist das Vermeiden von Streit unter seinen Erben: Was er anordnet, handle es sich um Begünstigungen oder Teilungsvorschriften, ist für seine Erben nicht mehr diskutierbar!

3.4.2.6 Die Begünstigung gemeinnütziger Institutionen

Werthaltungen, die Fortführung eines zu Lebzeiten erfüllten Engagements nach dem Ableben zu Gunsten von gemeinnützigen, oft mit religiösen, kulturellen, wissenschaftlichen, umweltschützerischen, sozialen oder anderen Zielsetzungen verbundenen Institutionen, sind oft die Triebfeder zur Begünstigung von Todes wegen. Es ergibt sich aber auch die Gelegenheit, mit einem Legat seinem lebzeitigen Engagement dann die Krone aufzusetzen, wenn der bis anhin konkurrierende Eigenbedarf an finanziellen Mitteln und Sicherheit wegen Verlassens dieser Welt dahinfällt. Es ist allgemein bekannt, dass das Leichenhemd keine Taschen aufweist; nun werden die lebenslang angesparten Mittel mit einem Mal frei und sind zwingend weiterzugeben. Um etwas ganz Grosses zu vollbringen, das den Erblasser zu seinen Lebzeiten total ruiniert hätte, ist der Augenblick der Abfassung des Testaments zugleich der beste und der am wenigsten einschneidende.

3.4.2.7 Aspekte der Steuerersparnis

Die Steueroptimierung hat diverse und zum Teil sehr unterschiedliche Aspekte zu berücksichtigen. Nicht nur der Wohnsitz des Erblassers, auch die Abwägung der Varianten der Rechtsgestaltung und Begünstigung sind in die Überlegungen einzubeziehen. So können je nach steuerlichen Rahmenbedingungen Schenkungen zu Lebzeiten, die Einräumung einer Nutzniessung, die Umwandlung einer Einzelfirma in eine handelsrechtliche Gesellschaft, die Errichtung einer Stiftung, gewisse Formen der privaten Altersvorsorge, ein Lebensversicherungsvertrag oder ein erbrechtlicher Vorbezug usw. legitime Vorteile der Steuerersparnis nach sich ziehen. Die Vorteile können zu Lebzeiten des Erblassers oder erst nach seinem Ableben eintreten, sie können der ganzen Erbengemeinschaft oder den einzelnen Erben in allenfalls unterschiedlichem Ausmass zugute kommen.

Ein Sonderfall oft geradezu vitalen Interesses an Steuerersparnis ist bei der Übergabe eines Familienbetriebes zu beobachten. Tatsächlich stellt die Betriebsübergabe oft eine Auflösung der jahrzehntelang gebildeten stillen Reserven dar, und die so aufgeschobene Steuerlast kommt nun auf einmal mit voller Wucht zur Veranlagung, so dass die Weiterexistenz ernsthaft gefährdet ist. In diesen Situationen fallen die Anliegen des Fundraisers meist nicht auf sehr fruchtbaren Boden, und er wird meist durch die Beratungsbedürfnisse der Betroffenen überfordert sein.

Der Aspekt der Steuerersparnis kann vom Fundraiser in anderen Fällen sehr gezielt ins Gespräch gebracht werden. In der Tat tragen viele Leute, welche durch Sparsamkeit oder erfolgreiches Wirtschaften Vermögen bilden konnten und dementsprechend fiskalisch belastet wurden, vom Staat das Bild eines Blutsaugers in sich. Es ist ihnen wichtig, dass ihr Erspartes dem Zugriff des Staates möglichst entgehe, und sie wollen auch nicht, dass aufgrund ihrer Grosszügigkeit sich der Staat seiner eigenen Schuldigkeiten entledigen oder diese beschränken könne. Bei diesen Gönnern, die ja über etliche Mittel verfügen, ist der Hinweis, dass die vom Fundraiser vertretene gemeinnützige Institution steuerbefreit sei bzw. die Spende fiskalisch ungeschoren dem edlen Zwecke zugute komme, oft ein fast magnetisches Argument.

3.5   Die Abfassung des Testaments

3.5.1   Die Vorbereitung des Testaments

Die Errichtung eines Testaments ist in den wenigsten Fällen ein spontaner Akt, welcher in einem Zug vom Anfang bis zum Ende geführt wird. Für die meisten Personen handelt es sich um einen Prozess, welcher in vielen Fällen über mehrere Etappen der Auseinandersetzung mit dem Thema bis zur Niederschrift und Hinterlegung oft über Wochen oder gar Jahre abläuft. Auf die psychische Entwicklung, welche Testatoren vielfach durchschreiten und welche von Testamentsberatern und Legatsuchern mehr oder weniger geschickt begleitet werden kann, wurde bereits eingegangen. Viele Erblasser sind sich dessen bewusst, dass sie nur die Wahl haben zwischen dem Verschenken des Nachlasses und dessen Enteignung.

In der ersten Phase muss meist vorbereitend der Wissensstand darüber hergestellt werden, was der Gesetzgeber an Regeln für die Teilung aller

Nachlässe vorgesehen hat für den Fall, dass keine letztwillige Verfügung vorliegt. Dem Erblasser muss klar werden, dass er auch mit dem Verzicht auf die Abfassung eines eigenen Testaments einen Entscheid von grosser Tragweite trifft, indem er die gesetzliche Erbfolge eintreten lässt. In den meisten Fällen – die Erfahrung zeigt, dass der so genannte «Normalfall» recht selten vorkommt – dürfte sich sehr bald herausstellen, dass eben diese gesetzliche Erbfolge zwar grundsätzlich nicht als unpassend, aber doch als grobschlächtig eingeschätzt wird bzw. nicht nur den heutigen Bedürfnissen allgemein, sondern auch den konkreten Vorstellungen im persönlichen Einzelfall nicht entspricht. Ein Bewusstwerden der persönlichen Beziehungen und Interessen wird diesen Eindruck vervollständigen. Mit Fug kann man in dieser Phase als von einer «Konkurrenzsituation zwischen der gesetzlichen Dutzendlösung und der massgeschneiderten Abstimmung auf individuelle Bedürfnisse» sprechen. In dieser ersten Linie hat der Fundraiser also darzustellen, dass und inwiefern die gesetzliche Erbfolge in den weitaus meisten Fällen und besonders in der konkreten Situation nicht den persönlichen Bedürfnissen entspricht.

Als Zweites ist einem potenziellen Erblasser zu empfehlen, sich über seine Vermögenslage ein Bild zu verschaffen. Viele Menschen sind sich nicht bewusst, mit welchen Werten sie sich im Laufe ihres Lebens umgeben konnten. Das können ein schönes Bild oder eine Sammlung, Erbstücke aus der Familie, ein Sparkonto oder Wertschriftenbesitz, eine Liegenschaft, vielleicht auch nur ein Fahrrad sein, dessen weiterer Besitz dem Erblasser nicht gleichgültig ist. Ein Inventar – und sei es auch nur in der Form einer einfachen Liste – zu erstellen und die vorhandenen Werte (allenfalls unter Beizug einer Fachperson) zu schätzen, dürfte für manchen Erblasser nicht nur ein erinnerungsschwangeres und erfreuliches Erlebnis sein, sondern ist auch für die Abfassung eines Testaments eine wertvolle Vorarbeit. Die letzte Steuerdeklaration wird bei dieser Tätigkeit als ein Hilfsmittel, allenfalls als Ausgangspunkt für die detailliertere Erfassung dienen, nicht aber das Inventar als Grundlage für ein Testament ersetzen können, denn ein Steuerformular kann dem emotionalen

Wert von Einzelstücken nicht gerecht werden. Nur wer sein Eigentum kennt, kann es gezielt Personen und/oder Institutionen zukommen lassen.

In der dritten Etappe des Entschlusses zur Abfassung eines Testaments treten die konkreten Vorstellungen des Erblassers in den Vordergrund. Was bezweckt der Erblasser, welche Ziele verfolgt er? Zu berücksichtigen sind etwa:

- der Entschluss, das starre Zerschneiden des Nachlasses nach Gesetz durch eine individuell massgeschneiderte Zuteilung oder Begünstigung zu ersetzen;

- das Bestreben, Streit unter den Erben zu vermeiden;

- der Wille, konkrete Gegenstände genau bezeichneten Personen anzuvertrauen;

- der Wunsch, etwa einem Patenkind oder Freund eine besondere Freude zu bereiten;

- die Dankbarkeit gegenüber einer Person, welche dem Erblasser Gutes erwiesen hat;

- die Absicht, dem Lebenspartner die Weiterführung des bisherigen Lebensstils zu ermöglichen;

- das Bedürfnis, etwas nachzuholen, was man zu Lebzeiten unterlassen hat, oder gar ein schlechtes Gewissen zu beruhigen (Ablass-Motiv);

- eine moralische Verpflichtung aufgrund einer Familien- oder Gruppentradition;

- eine Werthaltung oder die Erkenntnis, dass eine ideelle Zielsetzung oder eine konkrete Institution finanzieller Unterstützung würdig sind;

- der Wille, ein gutes Werk, das der Erblasser zu Lebzeiten unterstützt hat, über den Tod hinaus weitergedeihen zu lassen;

- die Möglichkeit, mit dem ein Leben lang Zusammengesparten etwas Grosses zu vollbringen oder sich ein ehrendes Andenken zu verschaffen;

- wer sein Testament verfasst, wird damit unweigerlich zum Wohltäter.

Wer Institutionen des öffentlichen Wohls begünstigt, nimmt damit eine Zweckbestimmung vor, welche sich aus den statutarischen Zielsetzungen der Institution ergibt. Viele Verfasser von Testamenten möchten indes noch weiter gehen bzw. präziser bestimmen, wofür die zur Verfügung gestellten Mittel eingesetzt werden sollen. Meist sollen sie vor allem nicht in «die Administration» fliessen, sondern eine «direkte Wirkung» erzielen. Dabei wird oft vergessen, dass «die Administration» nicht definitiv umschrieben ist bzw. werden kann. So wird eine Dachorganisation diverse koordinierende und damit «administrative» Funktionen wahrnehmen, und auch der Aufwand für Mechanismen, welche einen bestimmungs- und zweckmässigen Mitteleinsatz gewährleisten sollen (worauf Gönner zu Recht meist grossen Wert legen), wird allgemein den Administrationskosten zugerechnet.

Der Wunsch des Testators ist in jedem Falle absolut zu respektieren, und zwar sowohl vom beratenden Fundraiser im Augenblick der Abfassung des Testaments wie auch später von der Institution beim Einsatz der zur Verfügung gestellten Mittel. Solche Zweckbestimmungen in Testamenten sind Auflagen, bei deren Nichterfüllung andere Erben die Rückerstattung verlangen können.

Fundraiser wie Fachberater tun gut daran, den Testator darauf aufmerksam zu machen, dass Gewichtung und Dringlichkeit des Handlungs- und des Finanzbedarfes sich in der Zeit bis zu seinem Tod wesentlich verschieben können. Je allgemeiner die Zweckbestimmung eines Legates ist, desto eher kann die Institution es dort einsetzen, wo der Handlungsbedarf am grössten oder am dringlichsten ist. Um der Organisation nicht goldene Fesseln anzulegen, wird sich der Fundraiser bemühen, im vorsichtigen Gespräch die Zweckbindung so allgemein wie möglich zu erwirken. Ohnehin wird der Legatär dem begünstigten Werk jenes Vertrauen schenken wollen und müssen, dass es die anvertrauten Mittel sinnvoll einsetzen werde.

Ein besonderer Aspekt der (allzu) detaillierten Zweckbestimmung ist die Bindung einer Begünstigung von Todes wegen an einzelne konkrete Projekte. Wenn sich ein Projekt bereits in der Realisierungsphase befindet, eignet sich das Legat für dessen Unterstützung kaum, denn das Projekt dürfte in den meisten Fällen bereits abgeschlossen sein, bevor der Erblasser das Zeitliche segnet. Für die Unterstützung aktueller Projekte sind Gönnerbeiträge Lebender besser geeignet als Begünstigungen von Todes wegen – nicht zuletzt auch deswegen, weil der Gönner den Fortschritt, Abschluss und Erfolg des Projektes und seiner Unterstützung selber mitverfolgen kann.

Die Organisation wird im Interesse aktiver Akquisition von Legaten indessen gut daran tun, aus den verschiedenen Aktionsbereichen oder Sparten ihrer Tätigkeit eine Liste nicht dringlicher Projekte in sehr unterschiedlicher Grössenordnung (2'000 bis ½ Mio. Franken) bereitzustellen. Der Testator kann dann ein Projekt seiner Wahl reservieren und sein Legat diesem zuwenden. Zur Realisierung des Projektes kommt es erst nach dem Ableben des Testators, wenn das Legat eintrifft. Dieses Vorgehen ist insbesondere für denjenigen Testator motivierend, welcher sich ein Denkmal setzen will. Am Fundraiser ist es dann, mit dem Testator zu besprechen, ob und wie sein Name mit dem Projekt verbunden und öffentlich bekannt gemacht werden könnte. Damit nähert sich die Legatspromotion dem Projekt-Sponsoring an.

Sind die Grundlagen vereint, kann der Erblasser an die Abfassung seines Testaments gehen. Voraussetzung für die Gültigkeit des eigenhändigen Testaments ist die formelle Anforderung, von der Überschrift bis zu Errichtungsort und Datum sowie der Unterschrift alles selber handschriftlich niederzuschreiben. Werden die formellen Anforderungen verletzt, wird das Testament auf Klage hin als ungültig erklärt; ein formungenügliches Testament hat also zwar seine Gültigkeit, aber nur solange, als es nicht von einem Erben angefochten wird, hat somit nur den Charakter und die Durchsetzbarkeit eines Wunsches des Erblassers.

Umfang und Detaillierungsgrad des Testaments unterliegen hingegen keiner Beschränkung; die Testamentsbeispiele im Anhang veranschaulichen ein paar Möglichkeiten der materiellen Ausgestaltung.

Für den redaktionellen Aufbau eines Testaments hat sich das folgende Schema bewährt:

- Vorweg ist die Frage zu beantworten, ob frühere Testamente aufzuheben sind. Dies empfiehlt sich der Klarheit wegen einleitend bei jedem Testament. Wenn Ehe- oder Erbverträge bestehen, welche zu berücksichtigen sind, ist hier ein sehr geeigneter Ort zu deren Erwähnung.

- In logischer Abfolge wäre als Zweites die Frage zu beantworten, ob einzelne oder alle Pflichtteilerben auf ihren Pflichtteil gesetzt werden sollen oder nicht.

- Als Drittes werden die Vermächtnisse und deren Begünstigte festgelegt.

- Danach können die eingesetzten Erben bezeichnet werden,

- und dann folgen meist noch besondere Anordnungen: Teilungsvorschriften, Ersatz- und Nacherben, wenn nicht schon oben erwähnt, die Bezeichnung eines Willensvollstreckers und dessen Stellvertreters usw.

Wenn aus der letztwilligen Verfügung nichts anderes ersichtlich ist, gilt die Zuweisung einzelner Gegenstände des Nachlasses an Personen, welche auch als gesetzliche Erben zum Zuge kommen, als eine Teilungsvorschrift. Das bedeutet, dass z.B. ein hochgeschätztes Familienerbstück einem bezeichneten Erben an seinen Teil angerechnet wird, ihm also nicht als zusätzliches Vermächtnis zusteht. Bei allen anderen Personen, welche nicht auch als gesetzliche Erben zum Zuge kommen, sind derartige Vermächtnisse vollumfänglich gültig, wenn sie nur keinen Pflichtteil verletzen.

Der Erblasser kann also alle seine Wertgegenstände und anderen Vermögensteile konkreten Personen oder Institutionen zuweisen. Wer dabei Pflichtteilansprüche verletzt, macht sein Testament dadurch nicht ungültig, sondern nur anfechtbar. Ob er aber Pflichtteile verletzt, kann er im Zeitpunkt des Verfassens seines Testaments oft gar nicht abschliessend wissen, denn Pflichtteilerben können bis zum Tod des Erblassers ihrerseits versterben, und das Vermögen des Testators kann sich bis zu seinem Ableben noch verändern. Verletzen die Vermächtnisse tatsächlich einen Pflichtteil, so kann ein benachteiligter Erbe das Testament so weit anfechten bzw. eine entsprechende Herabsetzung der Vermächtnisse verlangen, bis sein Pflichtteil wieder hergestellt ist. Die Erfahrung zeigt indes, dass relativ selten

Pflichtteilschutzklagen erhoben werden: Einerseits respektieren verletzte Erben in vielen Fällen den letzten Willen des Erblassers freiwillig, oder sie geben sich anderseits nicht Rechenschaft über ihre Möglichkeiten der Anfechtung. Man kann sich deshalb versucht fühlen, in Anlehnung an ein Wort von Martin Luther («Sündige nur weiter, aber glaube!») zu empfehlen: «Verletze nur munter drauflos Pflicht-teile.» Der seriöse Berater wird es indes vorziehen, nur zur Ausrichtung von voraussichtlich unanfechtbaren Vermächtnissen und zur Zuweisung des Restes der verfügbaren Quote an einen oder mehrere Begünstigte zu raten.

3.5.2 Die einzelnen Schritte der Abfassung

3.5.2.1 Die Aufhebung früherer Verfügungen von Todes wegen

Jede Verfügung von Todes wegen ist jederzeit durch eine neue ersetzbar, und jedes Testament kann durch seine Vernichtung (Zerreissen, Verbrennen) oder ausdrückliche Ausserkraftsetzung beseitigt werden. So kann auch ein notarielles Testament durch ein späteres handschriftliches entwertet werden. Bei mehreren Testamenten gilt in erster Linie das zuletzt erstellte, und die älteren gelten nur so weit, als sie mit den jüngeren nicht im Widerspruch stehen. Die Auslegung der Testamente erfolgt mit dem Ziel, den Willen des Erblassers zu erkennen.

Wurde früher ein Erbvertrag – von Gesetzes wegen in notarieller Form – abgeschlossen, so bedarf es zu dessen vollständiger Aufhebung nur der schriftlichen Übereinkunft aller am Vertrag beteiligten Parteien; ein neuer Gang zum Notar ist also nicht erforderlich. Eine Abänderung unterliegt aber den qualifizierten Formerfordernissen der öffentlichen Beurkundung.

Wenn keine Diskussionen über die Auslegung entstehen sollen, ist es am einfachsten und sichersten, bei jeder neuen Abfassung eines Testaments vorweg alle früher erstellten ausser Kraft zu setzen. Sollen Begünstigungen aus früheren Verfügungen weiterhin gelten, können sie ohne grosse zusätzliche Mühe im neuen Testament erneut festgehalten werden.

3.5.2.2 Das «Auf-den-Pflichtteil-Setzen»

Sobald der Erblasser Begünstigungen von anderen Personen oder Institutionen als der zum Zuge kommenden gesetzlichen Erben ausspricht, reduziert er deren gesetzlichen Erbteile. Er kann dies bis auf die Höhe der pflichtteilgeschützten Quote ohne Weiteres tun. Geht er weiter, so steht den pflichtteilgeschützten Erben über eine Anfechtungsmöglichkeit ein Herabsetzungsanspruch der freien Begünstigungen zu, bis ihr Pflichtteil wieder hergestellt ist. Viele Erben werden von dieser Möglichkeit nicht Gebrauch machen, sei es aus Respekt vor dem letzten Willen des Erblassers, sei es aus Unkenntnis. Der Pflichtteilschutz ist somit unter formellen Gesichtspunkten insofern nur ein relativer, als er nicht von Amtes wegen und automatisch, sondern nur auf Klage hin zum Tragen kommt.

Viele Erblasser möchten nur gewisse Gegenstände oder Werte bestimmten Personen oder Institutionen zuwenden, d.h. Vermächtnisse ausrichten, oder zusätzlich zu den gesetzlichen Erben weitere Erben einsetzen oder das Verhältnis von deren Begünstigungen anders festlegen, als dies die gesetzliche Erbfolge vorsieht. Darin sind sie im Rahmen der verfügbaren Quote frei. Sie brauchen in diesem Falle niemanden ausdrücklich auf den Pflichtteil zu setzen.

Andere Erblasser möchten grundsätzlich so weitgehend wie möglich frei über ihren Nachlass bestimmen. Für sie ist es am einfachsten, generell die gesetzlichen Erben auf ihre Pflichtteile zu setzen; sie nehmen sich damit nicht die Möglichkeit, einzelne von ihnen dann doch, z.B. mit einem Vermächtnis, ganz speziell zu begünstigen. Es betrifft dies alle zum Zuge kommenden gesetzlichen Erben: die pflichtteilgeschützten für ihren Teil der verfügbaren Quote, die anderen gesetzlichen Erben bis zur Höhe ihres ganzen Erbteils. Wenn der Erblasser nicht einleitend die Erbberechtigten auf ihre Pflichtteile setzt, ändert das an seiner Verfügungsmacht zwar nichts; wenn er es aber tut, schafft er von Anfang an Klarheit.

Mit der Begrenzung der gesetzlichen Erbteile auf die Pflichtteile verschafft sich der Erblasser – je nach dem Verwandtschaftsgrad der gesetzlichen Erben – Handlungsspielraum im Umfang von mindestens 25, allenfalls bis 100 % seines

Nachlasses. Diese verfügbare Quote kann er nun zuteilen, in Vermächtnissen und Erbeinsetzungen.

3.5.2.3 Die Bezeichnung der Vermächtnisse

Es empfiehlt sich, die Vermächtnisse vor den Erbeinsetzungen vorzunehmen. Die Vermächtnisse gehen zulasten der Erben. Was nach den Vermächtnissen von der verfügbaren Quote übrig bleibt, kommt den Erben zugute; je mehr an Vermächtnissen ausgerichtet wird, desto kleiner werden die Erbteile.

Vermächtnisse können (wie Erbteile) mit Auflagen und Bedingungen verbunden werden, und der Empfänger kann auf ein Vermächtnis verzichten.

3.5.2.4 Die Bezeichnung der Erben

Mit der Bezeichnung der Erben verfügt der Erblasser über den ganzen Rest seines Nachlasses, welcher nicht durch Pflichtteile gebunden oder durch Vermächtnisse bereits zugeteilt ist. Er kann dies zu gleichen oder zu ungleichen Teilen tun, in einem Prozentsatz oder einem Bruchteil.

Alle Erben gemeinsam haben vorweg die Schulden des Erblassers, die Todesfallkosten und die Vermächtnisse gemeinsam zu tragen; sie können deshalb einzeln oder gemeinsam ihre Erbteile ausschlagen, d.h. darauf verzichten; sie werden das in der Regel aber nur bei Überschuldung der Erbschaft tun.

Jeder Erbe hat die Möglichkeit, ein öffentliches Inventar zu verlangen. Dann wird die bezeichnete staatliche Stelle oder der liquidierende Notar einen öffentlichen Schuldenruf aussenden, auf den hin Gläubiger ihre Forderungen einzureichen haben, unter Androhung des Verlustes im Unterlassungsfall. Jedermann, also auch die Erben und Vermächtnisnehmer sind verpflichtet, mitzuwirken und namentlich auch die Aktiven des Erblassers in ihrem Besitze zu melden. Wenn so alle Aktiven und Passiven (auf Kosten des Gesamtnachlasses) zusammengetragen sind, kann jeder Erbe entscheiden, ob er seinen Anteil unter öffentlichem Inventar annehmen oder ausschlagen will, und er sicher ist, dass nicht nachträgliche Forderungen aus der Erbschaft gegen ihn erhoben werden können.

Wo keine pflichtteilgeschützte, sondern nur andere gesetzliche Erben vorhanden sind, kann der Erblasser frei verfügen. Er kann zusätzlich zu den gesetzlichen Erben oder an deren Stelle Personen und Institutionen als Erben einsetzen.

Vermacht der Erblasser mit Vermächtnissen weniger, als er könnte, so fällt dieser nichtverfügte Teil an die Erben, nicht aber an die Vermächtnisnehmer. Hat er seine gesetzlichen Erben auf den Pflichtteil gesetzt, so profitieren diese trotzdem von der unvollständigen Zuteilung, wenn er keine anderen Erben eingesetzt hat.

Wie gross der frei verfügbare Teil des Erbes ist, kann im Zeitpunkt der Testamentsabfassung nur unter grössten Vorbehalten festgestellt werden, insbesondere wenn ältere Personen pflichtteilgeschützte Ansprüche haben oder wenn das Testament längere Zeit vor dem Ableben verfasst wird. In der Zwischenzeit bis zum Erbfall können insbesondere noch weitere Nachkommen geboren werden und andere versterben, die Ehe des Erblassers durch Scheidung oder Tod des Gatten aufgelöst werden. Wenn ein solches Ereignis eintritt, denken Erblasser oft nicht daran, dass dies auch auf ihren eigenen Nachlass Auswirkungen hat, und unterlassen es, ihr Testament den veränderten Verhältnissen anzupassen. Es ist deshalb oft müssig, schon beim Verfassen des Testaments genau ausrechnen zu wollen, wie viel vom Nachlass später, beim eigenen Ableben, frei verfügbar sein wird. Es empfiehlt sich daher, nicht mehr als die voraussichtlich verfügbare Quote an Vermächtnissen auszurichten und für den Rest der verfügbaren Quote Erben (Personen oder Institutionen) einzusetzen.

3.5.2.5 Die Teilungsvorschriften

Schliesslich sind noch die so genannten Teilungsanordnungen zu erwähnen. Mit ihnen bestimmt der Erblasser, welcher Erbe welche konkreten Vermögenswerte erhalten soll. Teilungsanordnungen richten sich immer an Personen, welche als Erben zum Zuge kommen; sonst handelt es sich allenfalls um Vermächtnisse. Die einzige gesetzliche Teilungsanordnung ist das Vorrecht des Ehegatten am Hausrat und an der ehelichen Wohnung (Sonderregelungen für den Bauernstand vorbehalten).

Teilungsvorschriften sind grundsätzlich verbindlich, namentlich auch für den Willensvollstrecker, und können gerichtlich durchgesetzt werden. Die Teilung kann aber im gegenseitigen Einvernehmen unter den Erben anders vorgenommen werden, als dies der Erblasser festgelegt hat.

3.5.2.6 Die übrigen Anordnungen für den Todesfall

Es steht dem Testator grundsätzlich frei, in seinem Testament auch Dankesabstattungen und Anordnungen für seinen Todesfall festzuhalten. Meist handelt es sich um Belange, welche dem Erblasser zwar wichtig sind, aber mit dem Testament und der Regelung des Nachlasses eigentlich nichts zu tun haben. Als Beispiel seien Anordnungen erwähnt, was mit dem Leichnam geschehen solle, wie die Abdankungsfeier ablaufen möge und dergleichen. Weil das Testament oft erst nach der Abdankung eröffnet wird, ist es sinnvoll, solche «Anordnungen für den Todesfall» nicht im Testament, sondern in einem separaten Schriftstück festzuhalten und z.B. beim Pfarrer oder einer anderen Vertrauensperson so zu hinterlegen, dass sie rechtzeitig zur Kenntnis genommen und umgesetzt werden können.

3.5.3 Die Sicherung des Testaments

3.5.3.1 Die Hinterlegung

In der letzten Phase sollte die geeignete Hinterlegung nicht vergessen werden, welche sicherstellt, dass die letztwillige Verfügung nach dem Ableben auch tatsächlich eingeliefert, eröffnet und vollstreckt wird. Es nützt das grosszügigste Testament nichts, wenn es nach dem Ableben nicht zum Vorschein kommt und deshalb nicht umgesetzt werden kann. Der Europarat hat der Meldung von Testamenten in den Mitgliedländern bereits eine eigene Konvention gewidmet, welche Minimalstandards der Hinterlegung umschreibt. In der Schweiz sind die Kantone verpflichtet, geeignete Hinterlegungsstellen für Testamente zur Verfügung zu stellen. In den meisten Kantonen ist die Gemeindekanzlei am Wohnsitz für die Entgegennahme zuständig; in den übrigen Fällen kennt sie die Hinterlegungsstelle. Notarielle Urkunden werden immer vom Notar im Original aufbewahrt und meist in einem vom Schweizerischen Notarenverband eingerichteten zentralen Register vermerkt.

Auf den Namen lautende Konten und Tresor-Fächer dürften nach dem Todesfall automatisch eine gewisse Beachtung erfahren. Diejenigen Dritten, welche über die Zugangsvollmacht verfügen, dürften aber oft persönlich am Inhalt des Testaments interessiert sein. Das Testament selber oder ein Hinweis auf dessen anderweitigen Aufbewahrungsort werden dort also mit grosser Wahrscheinlichkeit zum Vorschein kommen. In jedem Falle empfiehlt es sich, Testamente in einem verschlossenen, angeschriebenen Umschlag aufzubewahren und zu hinterlegen. So wird es dem Finder erschwert, die Einlieferung davon abhängig zu machen, ob er begünstigt wird oder nicht.

Schliesslich ist daran zu erinnern, dass jedes Testament jederzeit ausser Kraft gesetzt und durch ein neues ersetzt bzw. ergänzt werden kann. Der Schritt zum zweiten Testament fällt mit Gewissheit leichter als derjenige zum ersten. Schon verschiedentlich wurde beobachtet – so etwa in der Literatur bei Gotthelfs «Hansjoggeli der Erbvetter» – wie genüsslich es offenbar sein kann, hoffnungsvolle Erben tanzen zu lassen und ein einmal errichtetes Testament durch ein neues zu ersetzen und erneut Wohltäter zu sein. Eine begünstigte Institution wird deshalb gut daran tun, die Testatoren, welche sie begünstigt haben, bis zum Lebensende weiter zu betreuen. Zur Betreuung gehören neben dem Dank für die Begünstigung:

- der persönliche Kontakt, welchen ein «Familienmitglied» erwartet;
- die Information über den fortdauernden, allenfalls neuen Handlungsbedarf im Tätigkeitsbereich der Institution;
- ein Leistungsausweis, d.h. eine Berichterstattung über die entfaltete Tätigkeit sowie die Erfolgsmeldungen;
- der Nachweis sauberer Geschäftsführung und funktionierender Kontrollmechanismen sowie allenfalls
- die gelegentliche Einräumung von Zusatznutzen.

3.5.3.2   Der Willensvollstrecker

Von besonderer Bedeutung ist die Bezeichnung eines Willensvollstreckers. Immer dann, wenn Streit unter den Erben nicht ausgeschlossen werden kann oder wenn eine kompliziertere Erbschaft zu liquidieren und an mehrere Erben und Vermächtnisnehmer zu verteilen ist, dürfte der Aufwand für einen aussenstehenden bzw. neutralen Willensvollstrecker die dafür aufgewendeten Honorare wert sein. Anderseits scheint namentlich bei sehr grossen Nachlässen ein Anreiz für Willensvollstrecker zu bestehen, ihr Mandat nicht schnellstmöglich abzuschliessen. Die Wahl eines Willensvollstreckers kann also im Guten wie im Schlechten namhafte finanzielle Konsequenzen haben. Dabei ist darauf zu achten, dass die als Willensvollstrecker bezeichnete Person oder Institution über das erforderliche Fachwissen verfügt. Dessen Vorhandensein darf bei einem spezialisierten Treuhänder, Juristen, Notar oder Anwalt und bei den Erbschaftsabteilungen von Banken vorausgesetzt werden.

Der Willensvollstrecker wird im Normalfall vor allem für alle Erben und Vermächtnisnehmer beratend, zügig liquidierend und schlichtend wirken. Seine Aufgaben, Kompetenzen und seine Haftung sind Gegenstand diverser Publikationen, diese hier näher zu umschreiben, würde aber den vorliegenden Rahmen sprengen. Es ist angezeigt, dem Willensvollstrecker testamentarisch auch gleich einen Stellvertreter beizustellen, denn das Mandat kann von ihm abgelehnt werden.

Sogar aktive und grössere Spendenorganisationen verfügen oft nicht über das eigene fachkundige Personal, um kompliziertere Nachlässe selber abwickeln zu können. Sie nehmen für konkrete Fälle oft ihren juristischen Berater in Anspruch, welcher den Fall im Auftrag und auf Kosten der Institution bis zum Abschluss bearbeitet. Sind ausschliesslich mehrere Institutionen erbberechtigt, so übernehmen in der Regel die Vertreter einer oder zweier Institutionen die Federführung (meist ohne schriftliche Vollmacht!). Dabei ist es Brauch, den anderen Organisationen keine Kosten zu verrechnen, solange die Federführung durch angestellte Mitarbeiter sichergestellt bzw. im Rahmen der ordentlichen Betriebskosten abgewickelt werden kann.

3.5.5   Empfehlungen zur Testamentsberatung

Die Promotion von Legaten zu Gunsten gemeinnütziger Organisationen als primäre Motivation rückt andere Instrumente des Erbrechts in den Vordergrund als etwa die an der Verurkundung orientierte Beratungstätigkeit des Notars oder Zielsetzungen wie eine reibungslose Übergabe eines Familienbetriebes an die Nachfolgegeneration, Steuerersparnis usw.

Das Ziel des Fundraisers ist die Begünstigung seiner Organisation mit einem möglichst namhaften Vermächtnis oder deren Einsetzung als Erbe, wenn möglich als Universalerbe. Wenn er dieses Ziel erreicht, kann sich das ganze Testament auf einen einzigen Satz beschränken. Wenn der Fundraiser im persönlichen Gespräch mit dem Testator aber spürt, dass die Fortführung des bisherigen Lebensstandards des überlebenden Ehegatten oder Partners zu den obersten Zielsetzungen des Testamentsverfassers gehört, kann er bzw. der Fach-berater die Einsetzung der Institution als Ersatzerbe (anstelle des erstver-storbenen Partners) oder als Nacherbe (nach dem Ableben des zweitver-sterbenden Gatten) als bisher wenig beachtete Alternative mit erheblichem Potenzial ins Gespräch bringen. Auch eine Ersatz- oder Nachbegünstigung aus Lebensversicherungspolicen wird er als Alternative zu einer testamentarischen Begünstigung im Auge behalten. Als Antwort auf die Wünsche des Testators dürfte sich auch die lebzeitige oder testamentarische Einräumung von Eigentum, belastet mit einer Nutzniessung zu Gunsten von Angehörigen des Erblassers, eines bisher unausgeschöpften Potenzials erfreuen. Darlehen als lebzeitige Begünstigung, auf deren Rückzahlung später verzichtet werden kann, erlauben es dem Testator, sich die finanzielle Sicherheit für die alten Tage vorzubehalten. Ein Erbauskauf, bei dem die Institution einem Angehörigen als Gegenleistung für die Einräumung von Eigentum eine Rente ausrichtet, kann zu einem vergleichbaren Ergebnis führen. Wo der Fundraiser eine besonders starke Beziehung des Erblassers zu einer nahestehende Person herausspürt, wird er diese nicht als Erben auszustechen oder zu konkurrenzieren versuchen, sondern ein namhaftes Vermächtnis als Alternative zum Erbteil aufzeigen.

Generell hat das Vermächtnis gegenüber einem Erbteil den Vorteil, dass es einerseits weitgehend unabhängig von den Schulden des Erblassers und andererseits diskreter (man denke an persönliche Spannungen zwischen Angehörigen), mit weniger eigenem administrativem Aufwand und in der Regel schneller angetreten werden kann. Erbteile und insbesondere die Einsetzung als Allein- oder Universalerbe ergeben indes in der Regel höhere Nettobeträge.

Erkennt der Fundraiser, dass der Testator sich nicht zuletzt ein ehrendes Andenken, allenfalls eine Art Denkmal, sichern will, wird er gleichzeitig mit der Begünstigung seiner Institution flankierende Massnahmen offerieren, wie die Errichtung eines mit dem Namen des Gönners verbundenen Fonds oder einer Stiftung oder Formen des Dankens in der Öffentlichkeit.

3.5.6   Erbgang und Erbteilung

Die Entgegennahme, Betreuung und allenfalls Liquidation sowie Verdankung von Legaten sind zwar nicht der eigentliche Gegenstand dieses Buches. Weil sie aber ihrerseits bereits wieder eine Phase des Fundraising im Hinblick auf weitere Legate sein können, werden sie im Folgenden trotzdem noch kurz gestreift. Bei vielen Institutionen des öffentlichen Wohls wird der Fundraiser auch die Funktion des Mitarbeiters innehaben, welcher nicht nur Legate akquiriert, sondern sie – wenn sie einmal eingetroffen sind – auch betreut. Dafür sprechen seine Vertrautheit im Umgang mit Menschen, seine intensiven bestehenden Kontakte zu Gönnerkreisen und seine vertiefte Kenntnis der Regelungen und Mechanismen im Bereich der Legate.

Die Angehörigen eines Erblassers, welcher die Institution mit einem Legat begünstigt hat, kommen unweigerlich mit der Organisation in Kontakt. Es ist wahrscheinlich, dass sie sich dafür interessieren, zu wessen Gunsten ihr Erbteil geschmälert wurde. Weiter dürften in der Partnerschaft oder Familie des Erblassers vergleichbare Werthaltungen und Zielsetzungen häufiger vorkommen als im breiten Publikum. Schliesslich wird auch die Art des Dankens seitens der begünstigten Organisation – eine kreative Herausforderung an den Fundraiser! – eine zentrale Rolle für weitere Legate spielen: Kommt sie bei den

Erben nicht gut an, wird auch ein der Zielsetzung der Institution ursprünglich zugeneigter Hinterbliebener die gleiche Organisation sicher nicht seinerseits nochmals begünstigen. Tatsächlich zeigt die Erfahrung, dass ein korrekter, sehr freundlicher und grosszügiger Umgang mit den Angehörigen eines Erblassers nicht selten weitere Legate nach sich zieht. Umgekehrt wird eine Institution, welche sich als kleinlich, unsensibel, aufs Geld versessen zeigt oder sich gar als Gegenpartei in Prozessen profiliert, sich nicht diejenige Art Freunde schaffen, welche ihr Legate ausrichten. So hat die Art, wie eine Institution mit den Hinterbliebenen umgeht, ein Legat entgegennimmt und verdankt, einen entscheidenden Einfluss auf das Fundraising.

Das Erbe kann nicht sofort nach dem Todesfall des Erblassers angetreten werden. Bis es so weit ist, ist eine ganze Reihe von Etappen zu durchlaufen, welche bei sehr komplizierten Fällen und insbesondere, wenn es zu Prozessen kommt, über Jahre dauern können. Über den Erbgang und die Erbteilung sowie über die Aufgabe und Verantwortlichkeit des Willensvollstreckers besteht eine umfangreiche Literatur; diese soll hier nicht aufgenommen, sondern nur der Mechanismus der Erbteilung kurz dargestellt werden. Insbesondere auf die Details der einzelnen Schritte, namentlich etwa auf einen allenfalls öffentlichen Erbenruf, auf die vorgängige güterrechtliche Auseinandersetzung, auf die Bewertungen im Erbschafts- und Steuerinventar, auf die Anfechtung eines Testaments, auf die Herabsetzung von Vermächtnissen zur Wiederherstellung von Pflichtteilen, auf die Einweisung der Vermächtnisnehmer und Erben in die Erbschaftsgüter, auf die Erbschaftssteuerabrechnung mit den Behörden, auf den Abschluss des Verfahrens und die Honorierung des Willensvollstreckers sowie auf alles weitere, was im konkreten Einzelfall jeweils Prozessstoff werden könnte, kann hier nicht detaillierter eingegangen werden.

Die Erben erwerben im Todeszeitpunkt den Nachlass, die so genannte Erbmasse, vorerst «zu gesamter Hand», d.h. gemeinsam als Erbengemeinschaft. Sie treffen – wenn nicht im Testament ein Willensvollstrecker oder von allen Erben gemeinsam ein Vertreter bezeichnet wurde – unter dem Vorbehalt der Bereinigung ihres Kreises alle Verwaltungshandlungen gemeinsam. Die

Erbengemeinschaft kann für Teile oder die ganze Erbmasse auf im Prinzip unbeschränkte Dauer fortgesetzt werden, oft etwa um eine Familienunternehmung oder eine Liegenschaft weiterhin gemeinsam zu betreiben und zu nutzen. Der Erblasser kann in seinem Testament auch eine solche fortgesetzte Erbengemeinschaft zur Bedingung oder Auflage machen für eine höhere Begünstigung als jene auf den Pflichtteil. Mit der fortgesetzten Erbengemeinschaft werden die Zuweisung an einen oder an einen Teil der Erben und die Auszahlung an die übrigen Erben vermieden. Jedes Mitglied der fortgesetzten Erbengemeinschaft partizipiert weiterhin wertmässig im Umfang seiner Wertquote. Wenn nichts anderes vereinbart wird, herrscht jedoch für die Willensbildung das Einstimmigkeitsprinzip. Jedes Mitglied der fortgesetzten Erbengemeinschaft kann jederzeit deren Auflösung verlangen oder sich von den andern Mitgliedern auszahlen lassen.

Damit keine Gegenstände unrechtmässig beiseite geschafft werden, wird vom Staat die Erbschaft sofort nach dem Todesfall gesiegelt, d.h. die massgeblichen Werte bzw. deren Behälter mit einem Siegel versehen, welches einen besonderen strafrechtlichen Schutz geniesst. Erst später wird das Siegel aufgebrochen und ein Erbschaftsinventar aufgenommen. Ein solches Inventar verlangt der Gesetzgeber von allen mehr als geringfügigen Erbschaften, wiederum zum Schutz der Erben, aber auch zur Sicherung seines eigenen Erbschaftssteueranspruchs. Denn ob ein Gegenstand tatsächlich in die Erbmasse gehört oder vorweg dem überlebenden Ehegatten oder Dritten zusteht, ist gelegentlich umstritten.

Vorweg müssen die Testamente gefunden und eröffnet sowie die gesetzlichen und die eingesetzten Begünstigten festgestellt werden. Das kann besonders bei Verwandten, welche in Länder mit anders organisierten oder gar keinen Zivilstandsregistern ausgewandert sind, bereits ausserordentlich schwierig und zeitraubend sein. Sodann sind die Fragen zu klären: Welches Testament ist wie weitgehend gültig? Wer ist Erbe und zu welchem Bruchteil? Wer ist «nur» Vermächtnisnehmer? Auch hier liegt nicht selten Prozessstoff vor.

Wenn unterdessen das Erbschaftsinventar fertig gestellt ist, haben in der nächsten Phase die Erben (und die Vermächtnisnehmer) die Möglichkeit zur Ausschlagung ihres Erbteils bzw. ihres Vermächtnisses. Sie werden das vorwiegend dann tun, wenn die Erbschaft überschuldet ist.

Dann sind die Vermächtnisse auszuscheiden und in der Höhe der einzelnen Berechtigungen die den Erben zustehenden Portionen (Lose) zu errechnen. Erst in dieser Phase wird definitiv sichtbar, wie gross die verfügbare Quote effektiv ist und ob die Vermächtnisse Pflichtteile verletzen. Den pflichtteilgeschützten Erben steht sodann das Recht zu, die Herabsetzung der Vermächtnisse zu verlangen sowie Vorbezüge und weitere Begünstigungen, welche ihre Rechte schmälern, anzufechten.

Erst danach kommt es zur Erbteilung, d.h. zur definitiven Zuweisung der einzelnen Gegenstände und des Geldes im Nachlass und somit zur Verfügungsfreiheit der Erben und Vermächtnisnehmer über die Erbstücke. Hinterher steht es den Erben und Vermächtnisnehmern selbstverständlich frei, im gegenseitigen Einvernehmen Gegenstände auszutauschen.

4   Operative Legate-Planung

4.1   Informationsanalyse

4.1.1   Potenzial der Legate

4.1.1.1   Erben in der Schweiz

Über das Erbschaftsgeschehen in der Schweiz existierten bislang kaum wissenschaftliche Untersuchungen. Im Rahmen des Nationalen Forschungsprogramms 52 des Schweizerischen Nationalfonds (SNF) wurden erste empirische Erkenntnisse zu den Implikationen des Erbens aus sozioökonomischer Sicht gewonnen. Dabei schätzen Bauer/Schmugge das Erbschaftsvolumen in der Schweiz auf jährlich rund 30 Milliarden Franken und errechneten für das Jahr 2000 einen Betrag von 28,5 Milliarden. Dies entspricht rund 2,5 % des gesamten Vermögensbestandes oder rund 8 % des Volkseinkommens.

	Kanton Zürich	Schweiz
(1) Vererbungssumme (in Mio. CHF)	8'400	28'500
(2) Reinvermögen (in Mio. CHF)	303'000	1'087'000
(1) in % von (2)	2,8 %	2,6 %
(3) Volkseinkommen (in Mio. CHF)	78'683	352'091
(1) in % von (3)	10,7 %	8,1 %
(4) Anzahl Todesfälle	10'700	62'500
(1)/(4) durchschnittliche Erbschaft pro Todesfall	785'000	456'000
(5) Schenkungssumme (in Mio. CHF)	1'600	
(6) Schenkungssumme in % von (1)	ca. 20 %	

Tabelle 2: Masszahlen zu Erbschaften und Schenkungen für das Jahr 2000
(Quelle: Bauer/Schmugge 2005b, 3)

Vererbt wird dabei primär an die Kernfamilie. Drei Viertel der Durchschnittserbschaft entfallen auf Ehegatten und Kinder. Was das Erbgeschehen betrifft, liegt die Altersgruppe mit den meisten Erblassern im Kanton Zürich bei 85-89 Jahren, vor der Altersgruppe 90-94 und 80-84 Jahre.

Die Erbenden werden dabei immer älter. Die unter 40-Jährigen machen inzwischen weniger als 20 % aus. Fast die Hälfte der Erbenden ist zwischen 45 und 64 Jahre alt. Am meisten Erbschaften fallen in der Alterskategorie zwischen 50 und 54 Jahren an. Zwischen den meistbesetzten Alterskategorien von Erblassern und Erbenden liegen 35 Altersjahre, was in etwa einer Generation entspricht.

Zusammengefasst gelangen die beiden Autoren Bauer/Schmugge (2005a, 15; 2005b, 6 ff.) zu den folgenden Erkenntnissen:

- *Die gestiegene Lebenserwartung hat die Rolle des Erbens in der Schweiz grundsätzlich verändert.* Weniger als die Hälfte der gesamten Erbsumme geht in der Schweiz an Erbende unter 55 Jahre. 1980 hatten die Erbenden unter 55 Jahre noch 55 % der Erbsumme erhalten, bei unveränderten Vererbungsmustern werden es im Jahr 2020 schätzungsweise noch 37 % sein.

- *Die Möglichkeiten des Erbens bzw. Vererbens sind in der Schweiz sehr unterschiedlich verteilt.* Für den Kanton Zürich wurden die folgenden Relationen berechnet. Die untere Hälfte der Einkommensschichten vererbt einen vernachlässigbaren Teil der gesamten Erbschaftssumme, die mittleren 40 % vererben rund 25 %, und die obersten 10 % sind für drei Viertel der Erbschaftssumme verantwortlich.

- *Der grösste Teil der Erbschaften wird an die Kinder weitergegeben.* Erbschaftsprozesse spielen sich in Familienkategorien ab. Auch Kinderlose denken weitgehend in Familienkategorien. In der Regel beträgt der Abstand zwischen Erblassern und Erbenden eine Generation.

- *Dabei entfallen zwischen einem Fünftel und einem Viertel der Erbschaften auf Schenkungen.* Die beiden Autoren schätzen das Volumen der Schenkungen für das Jahr 2000 auf 5,7 bis 7,1 Mrd. CHF.

- *Die Wahrscheinlichkeit zu erben und die durchschnittliche Höhe der Erbschaften sind in der Schweiz im europäischen Vergleich sehr hoch.* Dies ist zum einen auf den relativen Reichtum der Schweiz, zum andern darauf zurückzuführen, dass in der Schweiz der Vermögensbestand während des Zweiten Weltkriegs unversehrt geblieben ist.

4.1.1.2 Legate in der Schweiz

Die Legate-Einnahmen ausgewählter NPO lassen auf die enorme Bedeutung dieses Finanzierungsinstruments schliessen. Gleichzeitig verweist Tabelle 3 jedoch auch auf die hohe Volatilität der Legate-Einnahmen und die Schwierigkeit bei der Planbarkeit. Einschränkend muss gesagt werden, dass aufgrund der hohen Schwankungen ein solcher 2-Jahres-Vergleich, der erst durch die Umstellung der Rechnungslegungsnormen auf FER 21 möglich wurde, nur bedingt aussagekräftig ist. Dennoch liefert er erste Anhaltspunkte über die Bedeutung des Legate-Wesens in der Schweiz.

So beträgt der relative Anteil der Legate-Einnahmen an den Spendeneinnahmen je nach Organisation bis zu 77 %. Die höchsten relativen Werte in obiger Darstellung weisen dabei die Schweizer Berghilfe und die Krebsliga in Zürich auf. Während die Krebsliga aufgrund der hohen Ich-Betroffenheit von Legatären wie auch von Angehörigen für das Legate-Marketing geradezu prädestiniert ist, überrascht der hohe relative Anteil bei der Schweizer Berghilfe. Die Entwicklung der Legate-Einnahmen bei der Schweizer Berghilfe verlief dabei im Jahr 2004 konträr zu den Individual- und Projektspenden, wo ein deutlicher Rückgang auf 6,3 Mio. Franken (minus 23 % zum Vorjahr) festzustellen war (vgl. Schweizer Berghilfe 2005, 6).

Abgesehen von systematischen Aktivitäten der Schweizer Berghilfe im Bereich des Legate-Marketing als möglichen Erklärungsursachen dürfte dieses aussergewöhnlich hohe Legate-Aufkommens in den Werten/Werthaltungen der

Organisation	Einnahmen aus Legaten und Vermächtnissen		Private Spendeneinnahmen total		Einnahmen aus Legaten in Prozent des Spendentotals	
	2003	2004	2003	2004	2003	2004
Caritas Schweiz	2'630'921	3'514'175	18'915'341	24'487'705	14%	14%
Helvetas	137'644	1'982'847	9'236'657	11'459'777	1%	17%
HEKS	3'911'957	1'548'611	20'932'120	18'676'630	19%	8%
Winterhilfe Schweiz	191'153	345'128	1'332'222	1'324'962	14%	26%
Schweizer Berghilfe	12'116'360	23'161'683	21'428'773	30'070'620	57%	77%
Terres des Hommes	2'159'857	2'568'855	7'805'870	8'485'283	28%	30%
SRK Zürich	104'814	1'146'230	2'750'324	3'686'998	4%	31%
Krebsliga Zürich	2'683'267	2'235'207	4'823'457	4'180'668	56%	53%
Aidshilfe Schweiz	122'032	9'007	4'327'897	4'545'005	3%	0%
Greenpeace	1'393'000	1'800'000	19'555'331	18'398'543	7%	10%
WWF	2'638'000	1'688'000	31'315'000	29'400'000	8%	6%
Pro Natura Schweiz	806'000	1'902'000	10'704'000	13'321'000	8%	14%

Tabelle 3: Legate-Einnahmen ausgewählter Organisationen
(Quellen: Jahresberichte der Organisationen 2003, 2004)

heutigen Generation begründet sein. Die Bevölkerungsgruppe mit den meisten Erblassern befindet sich im Kanton Zürich gemäss Bauer/Schmugge in der Alterskategorie von 85-89 Jahren. Dabei handelt es sich um Personen, die um das Jahr 1920 geboren wurden. Diese Vorkriegs- oder eigentliche Kriegsgeneration dürfte sich im hohen Masse mit der Thematik der Berge und Landwirtschaft verbunden fühlen («Réduit-Politik», «Anbauschlacht», «Evakuierung von Mütter und Kinder in die Berge»). Diese Generation hat einen dementsprechend hohen emotionalen Bezug zu den Bergen und sieht in den Bergen und in der Landwirtschaft quasi ein Synonym für die Identität der Schweiz. Gepaart mit den Erkenntnissen aus der psychologischen Forschung (Stichwort «Mortalitätssalienz»), die besagen, dass Menschen angesichts ihres Todes verstärkt eigene kulturelle Werte begünstigen, wäre dies eine mögliche Erklärungsursache.

Eine aktuelle Umfrage des VMI (vgl. Purtschert 2006, 3 f.) vermittelt weitere Anhaltspunkte über die Bedeutung und das Potenzial der Legate-Einnahmen in Schweizer NPO. Die durchschnittlichen Legate-Einnahmen in den Jahren 2002 bis 2004 bewegen sich bei den befragten Organisationen zwischen null und knapp 19 Mio. CHF. Insgesamt weisen die in der Umfrage erfassten Organisationen rund 44 % (50,577 Mio. CHF) der von der ZEWO für das Jahr 2004 ausgewiesenen 114 Mio. CHF (n = 451; ZEWO 2005, o.S.) auf. Die zehn Organisationen mit dem höchsten Legate-Aufkommen vereinigen dabei 93 % der gesamthaft ausgewiesenen Legate-Einnahmen auf sich. Wie in Grossbritannien zeigt sich auch in der Schweiz in Bezug auf das Legate-Aufkommen eine Kluft zwischen grösseren und kleineren Organisationen. Dies dürfte zum einen auf die generell breitere Spenderbasis grösserer Organisationen wie auf deren Professionalität im Fundraising zurückzuführen sein, zum andern sicher ebenso auf die höhere Bekanntheit in der Öffentlichkeit, welche dazu führt, dass die Organisationen auch Legate von Personen ausserhalb ihres traditionellen Gönnerstamms erhalten. Im Weiteren zeigt sich auch in dieser Umfrage, dass die Legate-Einnahmen in den Organisationen stark schwanken.

Die nachfolgende Tabelle vermittelt erste Anhaltspunkte über die Bedeutung und das Potenzial der Legate-Einnahmen in den einzelnen Organisationen. Die entsprechenden Mittelwerte sind jedoch mit grösster Vorsicht zu interpretieren, da die Anzahl Nennungen pro Kategorie sehr gering ist und das arithmetische Mittel entsprechend stark beeinträchtigt wird. Weiterführende, höhere statistische Analysen sind aufgrund der geringen Anzahl Nennungen pro Kategorie denn auch nicht zulässig.

Ein durchschnittlicher Anteil von etwas mehr als 16 % der Einnahmen aus Legaten an den gesamten Spendeneinnahmen erscheint plausibel, gehen wir doch von einem Verhältnis von schätzungsweise 200 Mio. Legate- zu 1,2 Mrd. Spendeneinnahmen von Einzelpersonen aus. Gesamthaft beträgt der Anteil der Legate-Einnahmen an den Gesamteinnahmen der befragten Organisationen durchschnittlich 7,7 %. Der höhere relative Anteil der Legate-Einnahmen an

Kategorie	Anteil der Legate-Einnahmen an den gesamten privaten Spendeneinnahmen (in %)	Anteil der Legate-Einnahmen an den Gesamteinnahmen (in %)	Anzahl
Durchschnitt	16.40	7.70	57
Nach Tätigkeitsschwerpunkt			
Inland	18.22	7.62	42
Ausland	8.78	7.51	8
gleichgewichtig	19.54	7.34	6
Nach durchschnittlicher Höhe der Gesamteinnahmen			
bis 1 Mio. bis 5 Mio.	14.96	6.07	31
5 bis 10 Mio.	8.29	2.56	7
10 bis 20 Mio.	25.41	12.76	11
über 20 Mio.	19.24	12.72	7
Mehrfachnennungen möglich			

Tabelle 4: Relative Höhe der Legate-Einnahmen nach Zweck und Höhe der Gesamteinnahmen (Quelle: Purtschert 2006, 4)

den Spendeneinnahmen in Organisationen mit einem Tätigkeitsschwerpunkt im Inland würde unsere These unterstützen, wonach inländische Organisationen im Bereich der Legate tendenziell bevorzugt würden. Aufgrund der geringen Anzahl an Nennungen sind jedoch keine statistisch signifikanten Aussagen möglich. Die höhere Gewichtung der Legate-Einnahmen in grösseren Organisationen steht ebenfalls im Einklang mit internationalen Forschungsergebnissen. Auch hier sind jedoch keine weiterführenden statistischen Tests möglich, so dass sich keine statistisch gesicherten Aussagen treffen lassen.

4.1.1.3 Legate im internationalen Vergleich

Legate haben sich für viele NPO weltweit zu einer zentralen Einnahmequelle entwickelt. In Grossbritannien betrug der Anteil der Legate am gesamten «voluntary income» der 500 grössten Wohltätigkeitsorganisationen («charities») im Jahr 1999 29 % (vgl. Sargeant/Hilton 2005, 3). In den Vereinigten

Staaten geht man von einem Betrag von rund 16,33 Mrd. USD aus. Dies entspricht 7,7 % der gesamten privaten Zuschussfinanzierung (vgl. Sargeant/Jay 2004, 178).

Tabelle 5 zufolge betrug die Höhe der Einnahmen aus Legaten für das Jahr 2002 in Grossbritannien rund 1,303 Mrd. £. Dies entspricht einer Zunahme von 18 % im Vergleich zu 1999/2000. Dabei dominieren die grösseren NPO das Legate-Wesen klar. Die zehn grössten britischen NPO vereinigen rund einen Drittel der gesamten Legate-Einnahmen auf sich. Erweitert man diesen Kreis auf die 500 grössten britischen NPO, dann entspricht dieser Anteil 76 %. Die restlichen 24 % verteilen sich auf 152'500 kleinere NPO. Eine zusätzliche Auswertung der Datenbank von rund 500 grossen britischen NPO ergab Aufschlüsse über die Verteilung der Legate nach NPO-Typ.

Rund einen Drittel aller Legate-Einnahmen erhielten dabei NPO aus dem Gesundheitsbereich, gefolgt von Tierschutzorganisationen (11 %) und religiösen Organisationen (11 %) (vgl. Abdy/Farmelo 2005, 25). Eine Auswertung von 82'160 Legaten in Grossbritannien aus dem Jahr 1996 ergab die auf Tabelle 6 aufgelistete Verteilung nach Spendenzweck.

Die Zukunft des Legate-Wesens in Grossbritannien beurteilen Abdy/ Farmelo (2005, 27) aufgrund der Entwicklung in der jüngsten Vergangenheit positiv:

- Von 1988 bis 2000 nahm die Zahl der Vermächtnisse an gemeinnützige Organisationen um 32 % von 60'000 auf 85'000 zu.
- Von 1982 bis 1989 nahmen die Einnahmen aus Legaten nominal um durchschnittlich 17 % pro Jahr zu.
- Zwischen 1989 und 1996 betrug die durchschnittliche nominale Zuwachsrate 4 %,
- ehe das Wachstum von 1996 bis 2002 um 10 % zunahm.

Die Zahl der Legate/Vermächtnisse ist aus theoretischer Sicht abhängig von den folgenden Faktoren:

Quelle	Beschreibung	Anzahl der erfassten NPO	Einkommen aus Legaten 2002 in Mio. £
Charity Finance 100 Index	Index der Einnahmen von 100 führenden britischen Wohltätigkeitsorganisationen seit 1996	100	693
Charity Finance 100 und 250 Index	Index der Einnahmen weiterer 150 britischer Wohltätigkeitsorganisationen	350	889
Charities Aid Foundation	Index von 500 grossen britischen spendenfinan- zierten Wohltätigkeits- organisationen seit 1982	500	991
Allianz Dresdner Asset Management	Top 3000 britischer Wohltätigkeitsorganisationen, gelistet nach einem Caritas- Verzeichnis	3000	1'198
NCVO Almanac	Untersuchung/Index hat zum Ziel den britischen NPO- Sektor möglichst vollständig abzubilden	153'000	1'303

Tabelle 5: Bedeutung des Legate-Wesens in Grossbritannien
(Quelle: Abdy/Farmelo 2005, 25)

- **Von der Zahl der Verstorbenen:** Was die Zahl der Verstorbenen anbetrifft, geht man in Grossbritannien von abnehmenden Zahlen bis ins Jahr 2011 aus. Demzufolge reduzieren sich die Todesfälle in dieser Zeitspanne von 635'000 im Jahr 2001 auf 619'000 im Jahr 2011. Danach dürfte die Zahl der Verstorbenen bis auf 750'000 Todesfälle im Jahr 2031 stark ansteigen. Die Bevölkerungsszenarien sehen auch in der Schweiz eine steigende Zahl von Todesfällen vor. Diese sind darauf

Spendenzweck	absolute Zahl der Legate	prozentualer Anteil
1. Gesundheit/Pflege	19'417	23,0
2. Tiere	12'602	14,9
3. Behinderte	7'964	9,4
4. Religion	7'017	8,3
5. Krebsforschung	6'638	7,9
6. Medizinische Forschung	6'550	7,8
7. Militärische Zwecke, Marine	5'290	6,3
8. Kinder	4'846	5,7
9. Alter	3'118	3,7
10. Entwicklungshilfe	2'931	3,5
11. Umwelt	2'753	3,3
12. Erziehung	1'525	1,8
13. Lernschwierigkeiten	920	1,1
14. Kunst und Kultur	588	0,7

Tabelle 6: Verteilung der Legate nach Spendenzweck
(Quelle: Smith 1998, 25)

zurückzuführen, dass die zahlenmässig starke, in den 1960er Jahren geborene Baby-Boomer-Generation ein fortgeschrittenes Alter erreicht. Waren es 2004 noch 60'200 Todesfällen, prognostiziert man für das Jahr 2060 rund 82'000 Todesfälle.

- **Von der Zahl der verfassten Testamente:** Was die Zahl der verfassten Testamente betrifft – dabei handelt es sich um eine notwendige, nicht aber um eine hinreichende Bedingung im Legate-Marketing –, nahm

	Prognostizierte Zahl der Todesfälle						
	2004	**2010**	**2020**	**2030**	**2040**	**2050**	**2060**
Männer	29'000	32'700	36'300	40'500	43'400	43'600	40'400
Frauen	31'200	33'500	35'600	38'800	42'500	44'300	41'700
Total	60'200	66'200	71'900	79200	85'900	87'900	82'000

Tabelle 7:Prognostizierte Zahl der Todesfälle in der Schweiz bis 2060

dieser Bestand in den vergangenen Jahren stark zu. Während 1992 nur 28 % der Bevölkerung in Wales und England ein Testament verfasst haben, waren es 2003 bereits 35 %. Auch in der Schweiz dürfte die Zahl der verfassten Testamente aufgrund der Zunahme von ausserehelichen Lebensverhältnissen weiter zunehmen. So verfassen ledige und getrennt lebende Personen weit häufiger ein Testament als verheiratete Personen. Dies ist darauf zurückzuführen, dass Ledige den Erbgang besser planen müssen, da sie in der Regel weniger gesetzliche Erben haben (vgl. BASS 2005, 102).

- **Von der Zahl der in den verfassten Testamenten aufgeführten Vermächtnisse an NPO:** Wie Untersuchungen des Charity Monitors zeigen, nahm auch die Zahl derjenigen zu, die in ihrem Testament eine NPO mit einem Legat begünstigen. 1991 sahen 3,2 % der erwachsenen Bevölkerung ein Legat vor, 2001 waren es bereits 4,3 % (Abdy/Farmelo 2005, 20).

Alle drei Variablen deuten also darauf hin, dass die zahlenmässige Bedeutung der Legate in den kommenden Jahren auch hierzulande weiter zunehmen wird. Was die Entwicklung der Legate-Einnahmen betrifft, fällt es schwieriger, entsprechende Prognosen zu stellen. Hier wird sich erst zeigen müssen, wie sich eine steigende Lebensdauer, die Entwicklung der Renten-Systeme und weitere Parameter wie Gesundheitskosten etc. auf das Erbschaftsvolumen und damit letztlich auch auf die Legate-Einnahmen auswirken werden. Ob die finanzielle Situation der Älteren langfristig so rosig bleibt, ist angesichts der unausweichlichen Reformnotwendigkeiten bei den sozialen Sicherungssystemen und beim Gesundheitswesen unsicher. Ausserdem zeigen sich Änderungen im Konsummuster der älteren Bevölkerung. Es gibt Anzeichen, dass die Vererbungsmentalität der Nachkriegszeit dem Wunsch weicht, zumindest Teile der Ersparnisse selber zu geniessen. Untersuchungen in Deutschland beweisen, dass heute doppelt so viele Senioren wie vor einem Jahrzehnt bereit sind, ihr Geld auch auszugeben. Hier zeigt sich der Wandel von der Kriegsgeneration, die Verzicht leistete, zu den jüngeren Generationen, die eigene, neue Ansprüche an das Leben stellen (vgl. Deutsche Bank Research 2003, 5).

Amacher (2003, 56 ff.) schätzt die Legate-Einnahmen gemeinnütziger Organisationen in der Schweiz auf rund 150 Mio. CHF. Diese Schätzung dürfte jedoch eher zu niedrig sein. Allein die ZEWO-zertifizierten Organisationen (n = 438 Organisationen) wiesen für das Jahr 2003 einen Betrag von 106 Mio. aus. Dies entspricht 15 % der Spendeneinnahmen oder rund 5 % sämtlicher Einnahmen (vgl. ZEWO 2004, 4). Darin sind beispielsweise keine Nicht-Mitglieder der ZEWO, keine kulturellen Organisationen wie auch keine Zuwendungen an Vergabestiftungen enthalten. Im Weiteren ist unklar, inwieweit auch Sachspenden (Legate von Immobilien, Gemälden etc.) zu welchen Preisen in dieser Summe eingeschlossen sind.

Aschwanden schätzt die Summe der Legate an Hilfswerke und Stiftungen auf rund eine Milliarde Franken. Dabei stützt er sich auf Erhebungen von Schmugge/Bauer zum Erbschaftsgeschehen in der Schweiz. Demzufolge gingen von 1997 bis 1999 im Kanton Zürich 3,8 % der Erbschaftssumme an juristische

Personen. Hochgerechnet auf die Schweiz ergäbe dies ein Volumen von 800 Millionen bis eine Milliarde Franken (Aschwanden 2005, o.S.). Diese hohe Diskrepanz zu den Zahlen der ZEWO lässt sich zum einen damit erklären, dass in genannter Schätzung auch Zuwendungen an nicht ZEWO-zertifizierte Organisationen (kulturelle, kirchliche Organisationen) sowie Stiftungen enthalten sind. Unter die Kategorie der juristischen Personen fallen jedoch auch Unternehmen oder Familienstiftungen, die keinen unmittelbaren gemeinnützigen Zweck verfolgen. Es lässt sich also nicht genau feststellen, wie viele Prozente dieser Summe schliesslich dem gemeinnützigen Sektor zugute kommen. Wir schätzen den Betrag, der dem gemeinnützigen Sektor zugute kommt, auf rund 200 Mio. CHF, was 14,2 % der gesamten Spendeneinnahmen von Einzelpersonen ausmachen würde.

4.1.1.4 Akzeptanz der Legate-Idee

Das Forschungsinstitut der Schweizerischen Gesellschaft für praktische Sozialforschung GfS hat im Jahre 1999 eine repräsentative Untersuchung in der Schweizer Bevölkerung durchgeführt, bei welcher es um die Frage ging, ob im Rahmen eines Testaments der Befragten ein Legat vorgesehen sei. 22 % der Befragten antworteten mit Ja. Interessant ist, dass in der Altersstufe der 18- bis 39-Jährigen 25 % positiv antworteten, bei den 40- bis 64-Jährigen 21 % und bei den 65- bis 84-Jährigen 23 %. Menschen mit tiefer Bildung sahen mit 30 % eher ein Legat vor als solche mit mittlerer (22 %) und hoher Bildung (19 %). Die Deutschschweiz war mit 23 % stärker vertreten als die Westschweiz mit 20 %. Auffallend war auch das Resultat, dass in Bezug auf die Siedlungsart Bewohner von Städten mit 15 % weniger Legate aussetzten als andere mit 31 %.

4.1.1.5 Testament als Voraussetzung

Testamente sind die Niederschrift des letzten Willens eines Menschen. Sie sind an eine bestimmte Form gebunden. Sie müssen korrekt unterschrieben und zudem sachgerecht aufbewahrt werden. Im Rahmen eines Testaments können nun Erbteile und Vermächtnisse oder Legate ausgesetzt werden. Legate sind Verfügungen von Todes wegen im Rahmen der gesetzlichen Erbregelung. Das

Testament ist also der Träger des Legats. In seinem Rahmen wird bestimmt, wer in welchem Umfang Erbe und/oder Vermächtnisnehmer werden soll.

Legate sind zwingend an die Existenz eines Testaments (oder eines Erbvertrags) gebunden. Wo weder ein Testament noch ein Erbvertrag vorhanden sind, besteht auch keine Möglichkeit für ein Legat. Dementsprechend wichtig erscheint es aus Sicht gemeinnütziger Organisationen, dass möglichst viele Menschen mit dem Gedanken an ein Testament vertraut gemacht und an die Abfassung herangeführt werden. Der Testamentsinteressent muss also erst darauf hingewiesen werden, dass er die Möglichkeit hat, durch ein Testament die vom Gesetz vorgesehene Erbfolge zu ändern, d. h. diese zu ersetzen oder zu ergänzen.

Dies hat eine besondere Bedeutung, wenn Menschen berücksichtigt werden sollen, die nach der gesetzlichen Regelung zu kurz kämen. Im Zentrum stehen hier für zunehmend viele Menschen der Lebensgefährte oder die Lebensgefährtin, die ohne testamentarische Verfügung oder ohne einen Erbvertrag keinerlei Anteil am Nachlass bekämen. Wichtig ist auch eine Bevorzugung des überlebenden Ehegatten (Frau oder Mann): Ohne eine Begünstigung im Testament wäre es ihm in vielen Fällen nicht möglich, den gewohnten Lebensstil aufrechtzuerhalten. Zu denken ist auch an Kinder, die invalid oder in Ausbildung sind oder die eine eigene Existenz gründen wollen. Nicht zu vergessen sind auch die Eltern und andere nahestehende Personen und Institutionen. Ein Testament oder ein Erbvertrag geben nun die Möglichkeit, die gesetzliche Erbfolge zu begrenzen. Allgemeine Testamentspromotion heisst also in erster Linie, die Vorteile eines individuellen Testaments gegenüber der allgemeinen gesetzlichen Regelung darzustellen. Sie erstreckt sich sodann auf die Erklärung der Möglichkeit, weitere Personen und gemeinnützige Institutionen, die in den gesetzlichen Regeln nicht vorgesehen sind, in den letzten Willen einzuschliessen.

One marketing services hat 2006 (vgl. one marketing services AG 2006, o.S.) eine quantitative Studie zu Testamenten und Legaten durchgeführt. Es

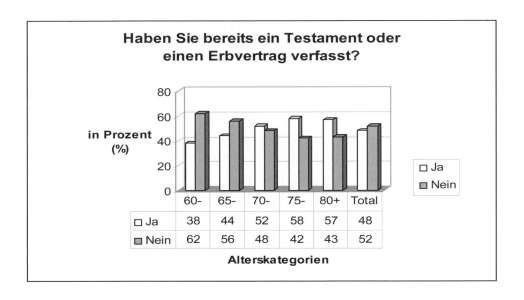

Haben Sie bereits ein Testament oder einen Erbvertrag verfasst?

Alterskategorien	60-	65-	70-	75-	80+	Total
Ja	38	44	52	58	57	48
Nein	62	56	48	42	43	52

Abbildung 5: Anteil verfasster Testamente nach Alterskategorien
(Quelle: one marketing services AG 2006, o.S.)

handelt sich dabei um eine telefonische Befragung von 1'000 Personen in der Deutschschweiz über 60 Jahre. Die Auswahl der Personen wurde im Random-Quota-Verfahren bestimmt, mit Quota auf Alter und Geschlecht. Die Studie ist in Bezug auf diese Kriterien repräsentativ für die Schweizer Bevölkerung.

Rund 48 % der befragten Personen haben dabei bereits ein Testament verfasst. Der Ja-Anteil bei den Männern liegt dabei mit 52 % leicht höher als bei den Frauen (46 %) Von den übrigen 52 % der befragten Personen beabsichtigen 40 %, zu einem späteren Zeitpunkt noch ein Testament zu erstellen. Mit zunehmendem Alter steigt dabei auch der prozentuale Anteil der verfassten Testamente bis zur Alterskategorie 75-79 Jahre. Dann stagniert der Anteil der verfassten Testamente bei durchschnittlich 58 %, resp. er nimmt gar um einen Prozentpunkt ab. Diese Abnahme lässt sich mit der geringeren Lebenserwartung der Männer erklären, die häufiger ein Testament verfassen. Zuvor hat der Anteil jeweils um durchschnittlich sechs bis acht Prozentpunkte pro Alterskategorie zugenommen. Was den Zivilstand anbetrifft, ergeben sich grosse Unterschiede.

Der höchste Anteil an verfassten Testamenten weist mit einem Ja-Anteil von 54 % die Kategorie «verwitwet» auf, prozentual am wenigsten Testamente werden in der Kategorie «geschieden/getrennt» verfasst. Im Weiteren zeigt sich, dass Befragte mit eigenen Kindern deutlich weniger häufig ein Testament verfassen (46 %) als diejenigen ohne eigene Kinder (59 %). Aus Sicht des Legate-Marketing ergibt sich, dass man sich mit der Legate-Kommunikation bevorzugterweise an Personen im Alter von 60-79 Jahren wendet, wobei an bereits geschriebenen Testamenten immer noch Änderungen zu Gunsten oder zu Ungunsten einer Organisation vorgenommen werden können. Aufgrund von Untersuchungen in Grossbritannien geht man davon aus, dass die Testamentsabfassung oder die letzten Modifikationen durchschnittlich rund vier Jahre vor dem Tod des Erblassers geschehen (vgl. Smith 1998, 22).

Aus früheren Studien (vgl. Fäh/Notter 2000, 18 ff.) ist bekannt, dass der prozentuale Anteil verfasster Testamente in der Deutschschweiz wesentlich höher ist als in der Westschweiz. Ganz allgemein variiert dieser Anteil in Abhängigkeit von kulturellen Faktoren und den jeweiligen Gesetzgebungen auch innerhalb der Länder der Europäischen Union (vgl. Radcliffe 2005, o.S.). Was die Gründe für die Erstellung eines Testaments betrifft, sind in erster Linie Gründe der Vorsorge zu nennen. Bei verheirateten Paaren geht es primär darum, im Todesfall den überlebenden Partner abzusichern. Anlässe zum Abfassen des Testaments sind beispielsweise:

a) *Zustände oder Veränderungen im Familienleben des Erblassers selbst oder von Begünstigten* (Geburten, fehlende Nachkommenschaft, Patenschaft, Konkubinat, Krankheit Heirat, Freundschaft oder Streit, Scheidung, runde Geburtstage, Tod),

b) *Ereignisse des Berufslebens* (Beförderung oder Versetzung, Schritt in die Selbständigkeit, Pensionierung), *andere bewegende Erlebnisse* (Krankheit oder Invalidität des Erblassers oder Bekannter, Jubiläen, Katastrophenberichte und Meldungen über schockierende Zustände)

c) *und persönliche Reifungsprozesse* (religiöse Gründe, Akzeptieren des Alters, Dankbarkeit, Beziehungspflege mit einer Organisation, Finanzoptimierung etc.).

Die gesetzliche Erbfolge sieht die Berechtigung auf Erbteile nach allgemein gültigen Prinzipien vor. Wenn Ehegatten oder Lebensgefährten, Eltern oder Kinder usw. in besonderem Masse begünstigt werden sollen, kann das am einfachsten durch ein Testament erfolgen.

- *Bevorzugung des Ehepartners:* Die Sorge um den Gatten lässt viele Massnahmen treffen, die dessen Weiterleben nach dem eigenen Tod sicher und würdig gestalten. Es kann sich dabei um die Erhaltung des bisherigen Lebensstandards handeln oder beispielsweise auch darum, dass der Gatte das Haus oder eine Wohnung weiter behalten kann. Für die finanzielle Absicherung des Ehegefährten kann die Einräumung einer maximalen Quote von Eigentum oder einer Nutzniessung gewählt werden.

- *Lebensgefährten ohne Trauschein:* Beim Konkubinatspartner ist der Handlungsbedarf offensichtlich, denn er geniesst kein gesetzliches Erbrecht. Nach Gesetz erbt der Lebensgefährte ohne Trauschein nichts, wenn ihm nicht im Testament oder in einem Erbvertrag Vermögensteile zuerkannt werden. Es ist eine wichtige Aufgabe, für das weitere Leben des Lebensgefährten zu sorgen.

- *Kinder:* Eine besondere Fürsorge für Kinder ist dann angezeigt, wenn sie einer umfangreicheren Hilfe bedürfen. Dies trifft insbesondere etwa zu bei Kindern, die krank sind oder sich in Ausbildung befinden.

Das Testament gestattet, nach Bedürfnis, nach Verpflichtung, nach Verantwortung, nach Liebe gewisse Summen einzelnen Personen oder Institutionen zuzuerkennen. Der heutige Mensch ist es gewohnt, zu seinen Lebzeiten über sein Vermögen frei zu verfügen. Soll nun nach dem Tod die Verteilung des Vermögens nach Prinzipien geschehen, die ihm allenfalls fremd sind, die nicht im Einklang stehen mit seinen eigenen Prinzipien und Erfahrungen im Leben? Der Freundeskreis hört nicht mit der engen Familie auf. Vielmehr wollen manche Personen Freunde, Bekannte oder Institutionen begünstigen. Für den Fall, dass sie dies wirklich tun möchten, hat das Gesetz den Weg zum Testament und zum Erbvertrag bereitgestellt.

Wenn einmal gewisse Anfangshemmungen überwunden sind, so ist das Ausstellen eines Testaments ein Akt der Selbstbestimmung, der Erfüllung. Nie kann der Mensch zu Lebzeiten ebenso frei seinen eigenen Prinzipien nachkommen. Auch nach einem und gegen ein Testament können die Pflichtteile durchgesetzt werden. Das heisst, das Testament kann zwar über jene Teile des Vermögens verfügen, die vom Gesetz als Pflichtteil definiert sind. Die verletzten Erben können aber – wenn sie wollen – die Respektierung ihres Pflichtteils durchsetzen. Einzig über die so genannte verfügbare Quote kann der Erblasser frei und definitiv verfügen.

Testamente können bis zum Ableben ihres Autors von diesem verändert werden. Sie können jederzeit vernichtet, neu geschrieben, ersetzt, ergänzt, d. h. der Entwicklung und der Erfahrung angepasst werden. Erst Testamente geben die Möglichkeit von Legaten. Diese sind der Ausfluss von Zuneigung zu Personen und Institutionen, mit denen der Erblasser sein Leben lang zusammen-gearbeitet hat, die ihn durch ihre Pflichterfüllung beeindruckt haben, die über sein Ableben hinaus prosperieren und sein Lebenswerk über sein Ableben hinaus fortführen sollen.

4.2   Ziele

4.2.1   Unmittelbare Ziele

Das unmittelbare Ziel muss natürlich sein, für die Organisation vermehrt Legate zu generieren. Aufgrund der Analysen ergibt sich, ob man bereits auf einem funktionierenden und ergiebigen Legatswesen aufbauen kann oder ob alles neu entwickelt werden muss. Dies bedeutet vor allem für die Donatoren, «legatfähig» zu werden. Die Spenderkarriere unserer Spendenden soll mit der Legat-Vergabe enden.

Direkte quantitative Ziele zu setzen, dürfte nicht sehr sinnvoll sein, da der Eingang von Legaten nicht prognostiziert werden kann. Allenfalls kann man mit Durchschnittswerten – beispielsweise einer 5-Jahres-Periode – arbeiten. Das wesentlichste Ziel besteht jedoch darin, das Legate-Marketing in der ganzen Organisation zu verankern und mit einer Planungssequenz direkt anzugehen.

4.2.2   Mittelbare Ziele

Hier gilt es, die Gesamtpositionierung der Organisation zu überprüfen. Unterstützt diese die Legatfähigkeit der Organisation? Ist es für potenzielle Destinatäre möglich, sich mit der Organisation langfristig zu identifizieren? Wird dem Bedürfnis des Legatspenders nach vertiefter Information nachgekommen? Wie eine amerikanische Studie von Sargeant/Jay (2004, 1 ff.) zeigt, entschied sich ein Drittel der Befragten, die ein Legat vorsahen, erst für eine solche Unterstützung, als sie von der Organisation auf diese Möglichkeit aufmerksam gemacht wurden.

4.3   Segmente/Zielgruppen

4.3.1   Motive

Der enormen finanziellen Bedeutung des Legate-Wesens stehen weltweit noch immer relativ wenige wissenschaftliche Erkenntnisse über die den Legaten zugrunde liegenden Motive und Funktionsweisen gegenüber. Noch immer ist weitgehend unklar, weshalb sich jemand für oder gegen ein Legat entscheidet und nach welchen Auswahlkriterien er schliesslich sein Legat vergibt. In Untersuchungen im Vorfeld der Legate-Promotionskampagne in Grossbritannien äusserten die Befragten die folgenden Bedenken im Zusammenhang mit einer möglichen Legatsvergabe: Über ein Viertel der Befragten war der Ansicht, dass die eigene Familie nicht ausreichend versorgt sei und das Geld deshalb dringender benötige. Ein weiterer Viertel der Befragten glaubte, nicht wohlhabend genug für ein Legat zu sein. Rund 10 % äusserten Bedenken über die Verwendung der Gelder, und weitere 5 % waren der Ansicht, der Nutzen ihres kleinen Beitrags sei zu bescheiden. Es zeigte sich auch, dass die Tätigkeiten gemeinnütziger Organisationen generell als sehr wichtig und bedeutsam für die Gesellschaft eingestuft wurden, die Befragten über das Ausmass und die finanzielle Notwendigkeit von Legaten jedoch nicht ausreichend informiert waren (vgl. Dauncey 2005, 53 ff.).

Eine Sensibilisierung der eigenen Spender wie auch der allgemeinen Öffentlichkeit für das Thema der Legate erscheint dringend notwendig. In der Legate-Kommunikation sollte auch der Nutzen von kleineren Legaten zum Ausdruck gebracht werden.

4.3.2 Zielgruppen

4.3.2.1 Charakteristik

Eine Befragung bei 1'290 Spendern in den Vereinigten Staaten (vgl. Sargeant/Jay 2004, 1 ff.) ergab die folgenden Hinweise auf mögliche Zielgruppen:

- Die Wahrscheinlichkeit, von Frauen ein Legat zu erhalten, ist höher als von Männern. «Legacy pledgers» sind tendenziell älter als der Durchschnittsspender einer Organisation und haben tendenziell weniger häufig Nachkommen.

- De Wahrscheinlichkeit, ein Legat zu hinterlassen, steigt, wenn für die eigene Familie ausreichend vorgesorgt ist oder wenn die entsprechende Person keine Kinder hat.

- Rund ein Drittel der Befragten, die einer Organisation ein Legat in Aussicht stellten, wurde erst von dieser auf diese Möglichkeit aufmerksam gemacht. Persönliche Empfehlungen oder Ratschläge von Notaren scheinen weniger wichtig zu sein.

- Resultate legen nahe, dass Personen, die selbst oder deren Angehörige von den Leistungen einer NPO profitiert haben, eine wichtige Zielgruppe darstellen.

Im Unterschied zu den übrigen Gönnern einer Organisation weisen «legacy pledgers» ein höheres Informationsbedürfnis auf. Sie stellen höhere Ansprüche an die Organisation und insbesondere auch an deren Performance und die wirksame Verwendung der Spendengelder. Diese Erkenntnisse bestätigt auch eine neue Studie von Sargeant/Hilton (2005, 13). Eine zentrale Erkenntnis besteht nach Ansicht der beiden Autoren darin, dass – im Gegensatz zu ihrer ursprünglichen Vermutung – die Mitglieder/Spender eine aktive Informationspolitik im Bereich der Legate befürworten und dass die Angst von einer zu offensiven Legatspromotion weitgehend unbegründet ist. Wunderink (1999, 268 ff.) gelangt für die Niederlande zum gleichen Schluss, allerdings mit der Einschränkung, dass die Kontaktaufnahme nicht zu persönlich ist.

In der Untersuchung von Sargeant/Jay (2004) wurden die «legacy pledgers» auch nach ihren Beweggründen gefragt. Dabei zeigte sich, dass die entsprechenden Personen insbesondere an einer Fortführung der Tätigkeit der Organisation auch nach ihrem Tod interessiert waren. Das Legat kann somit auch als abschliessendes Geschenk an die Organisation verstanden werden. Als zweitwichtigster Grund wurde dann die bereits ausreichende Versorgung der Familienmitglieder genannt.

Radcliffe (2005, 1) unterteilt die Legate-Spender in zwei Gruppen («generic legator»/«specific legator»). Während die erste Gruppe primär an der Erfüllung eines gewissen gemeinnützigen Zwecks interessiert ist («Krebsforschung»), identifiziert sich die zweite Gruppe sehr stark mit einer Organisation. Diese beiden Gruppen schliessen sich nicht notwendigerweise aus. Dennoch unterscheiden sie sich nach Radcliffe und erfordern eine differenzierte Behandlung und Ansprache durch die jeweilige Organisation.

Die Existenz der ersten Gruppe, der sog. «generic legators» vermag dabei den Umstand zu erklären, weshalb Organisationen immer wieder Legate von Personen erhalten, von deren Existenz sie bisher gar nichts wussten. Für die einzelne Organisation gilt es nun herauszufinden, wie sich ihre Legate-Spender nach Segmenten zusammensetzen. Im Normalfall dürften sich die meisten Legate aus dem zweiten Kreis rekrutieren (vgl. auch Richardson/Chapman 2005, 37 zur Situation in den Vereinigten Staaten). Verfügt eine Organisation

«Generic legator»	«Specific legator»
Keine Spendenbeziehung mit der Organisation	Etablierte Spendenbeziehung, allenfalls nicht mehr aktiv
Möglicherweise von einer bestimmten Krankheit betroffen wie z. B. «Blindheit im Alter»	Leidenschaftlicher Verfechter der Organisationsziele
Sieht mehrere Legate vor	Hält Organisation die Treue, spricht nur ein, höchstens zwei Legate
Wahrnehmung als nicht sehr vermögend	Relativ wohlhabend und vermögend
Ad-hoc-Spender, spontane Spender	Philanthropische Tätigkeit als Teil des Lebensentwurfs
Glaube in traditionelle Hilfswerke, geringe Kenntnis über tatsächliche Tätigkeiten einer Organisation	Glaube an die Mission des Hilfswerks, hohe Anforderungen an Hilfswerk

Tabelle 8: Idealtypische Unterschiede zwischen «generic legator» und «specific legator» (Quelle: Radcliffe 2005, 1)

vorwiegend über «generic legators», geht es beim Legate-Marketing primär darum, den Bekanntheitsgrad der Organisation zu erhöhen und das Image zu pflegen. Potenzielle Legate-Spender, die sich nicht aus dem Umfeld der Organisation rekrutieren, müssen in erster Linie über die Existenz der Organisation informiert werden. Im zweiten Fall besteht die Zielgruppe aus sämtlichen Austauschpartnern einer Organisation. Dabei stehen Leistungsempfänger, Mitglieder, Spender, freiwillige und hauptamtliche Mitarbeiter oder Mitglieder der Aufsichtsorgane im Vordergrund. Diese sind umfassend über die Tätigkeiten, die Verwendung der Spendengelder und die erreichten Erfolge zu informieren.

Hier sei einmal mehr auf die Wichtigkeit der langfristigen Beziehungs-pflege zu den Spendenden hingewiesen. Gerade potenzielle Legate-Spender erwarten eine umfassende Betreuung und Information. «Nevertheless it does seem clear that the communications designed to secure pledges should stress the performance of the organization and that any queries donors may have as a re-sult of this communication are dealt with promptly and personally by members of the fundraising team» (Richardson/Chapman 2005, 36 f.). Den Untersuchungen von Sargeant/Hilton zufolge werden Legate-Spender in hohem Masse von dem Wunsch angetrieben, der Gesellschaft oder aber einer Organisation «etwas zurückzugeben». Dies kann darauf zurückzuführen sein, dass sie selbst eine Leistung der mit einem Legat bedachten Organisation in Anspruch genommen haben oder aber in irgendeiner Art und Weise mit dem gemeinnützigen Zweck der Organisation in Berührung gekommen sind. In diesem Sinne sind Universitäten und weitere Ausbildungsinstitutionen geradezu prädestiniert für Legate-Marketing.

In einer Schweizer Befragung von 398 Personen über 40 Jahren hinsichtlich ihrer Einstellungen zum Erben stimmten über 80 % der Aussage zu, dass bei der Erbteilung Helfer zu entschädigen seien, noch über 60 % gaben an, dass sie bei der Erbteilung jene bevorzugen, die eine ähnliche Sicht auf die Welt haben, und dass man bei der Erbteilung zeigt, wen man besonders mag (vgl. Bauer/ Schmugge 2005a, 15).

Wichtig erscheint in diesem Zusammenhang auch die Pflege der Bezie-hungen (Verdankung, Information über die Verwendung der Gelder) zu den Erben resp. den Nachkommen eines Legate-Spenders. Bei den Nachkommen handelt es sich um die nächsten potenziellen Spender. In der Praxis zeigt sich, dass dem Umstand der Tradition («bereits meine Eltern haben diese Organi-sation unterstützt») eine wichtige Bedeutung zukommt.

Inwieweit die Höhe des Einkommens resp. des Vermögens einen Einfluss auf ein Legate-Versprechen hat, ist nicht klar. Richardson/Chapman weisen in diesem Zusammenhang auf die Bedeutung von «middle-class donors» hin. «Planned gifts are most often major gifts from the middle class. The must successful planned giving organizations target middle-class donors, rather than major <high net worth> donors. The best audience for gift planning, and a legacy ask, is in the annual giving or direct response fundraising stream» (Richardson/Chapman 2005, 36 f.)

Untersuchungen von Smee&Ford, einer auf Legate spezialisierten Fundraising-Agentur, zur Zielgruppe im Rahmen des Legate-Marketing führten in Grossbritannien zu folgendem idealtypischen Profil eines Legate-Spenders resp. einer -Spenderin (vgl. Smith 1998, 22):

- Weibliche Person, stirbt anfangs 80, hat ihr Testament in den letzten Jahren verfasst oder noch einmal geändert.

- Person lebt alleine in der Agglomeration, ihr Mann ist vor einigen Jahren verstorben.

- Person ist vermögend, jedoch nicht reich an flüssigen Mitteln.

- Person hat erst spät im Leben begonnen zu spenden, ihre Spendenbeträge sind gering oder sie spendet gar nicht mehr.

- In ihrem Testament bedenkt sie drei gemeinnützige Organisationen mit unterschiedlicher Zwecksetzung in den Bereichen Gesundheitspflege, Tierschutz, körperlichen Behinderungen.

- Im Falle einer Geldspende beträgt diese rund 3'200 £, hinterlässt sie eine Sachspende verfügt diese über einen Wert von 24'000 £.

- Die Wahl der Organisationen wird beeinflusst durch persönliche Erfahrungen und Beziehungen während des Lebens.

Was das Profil eines typischen Legate-Spenders resp. einer typischen Legate-Spenderin in der Schweiz anbelangt, liefert die Untersuchung des VMI hierzu erste Anhaltspunkte (vgl. Purtschert 2006, 6 ff.). Durchschnittlich 30 % der Legate-Spender in den befragten Organisationen sind männlich, 70 % der Legate kommen von Spenderinnen. Für dieses Phänomen gibt es verschiedene mögliche Erklärungsansätze:

- Frauen spenden allgemein häufiger als Männer (vgl. Wagner/Kessler 2004, o.S.).

- Frauen haben eine längere Lebenserwartung, leben also tendenziell länger als Männer und sind zum Todeszeitpunkt vergleichsweise häufiger verwitwet. Die Begünstigung des überlebenden Ehepartners dürfte ein wichtiges Hindernis für ein mögliches Legat sein.

Am häufigsten befinden sich die Legate-Spender in der Kategorie 70-80 Jahre (48,4 % der Antworten) vor der Kategorie 80-90 Jahre (17,2 %). Hier gilt es anzumerken, dass 20 Organisationen hierzu keine Angaben gemacht haben. Ein grosser Prozentsatz der Organisationen dürfte gar nicht in der Lage sein, die Alterskategorie ihrer Legate-Spender zu benennen, da keine entsprechenden Datenbank-Einträge bestehen. Aufgrund der SNF-Studie zum Erbschaftsgeschehen in der Schweiz dürfte die Kategorie der 70- bis 80-Jährigen in dieser Umfrage tendenziell eher über-, die Kategorie 80-90 Jahre eher untervertreten sein. Eine mögliche Erklärungsursache dafür ist, dass es sich bei dieser Frage um eine vergangenheitsorientierte Sichtweise mit nicht klar definiertem Betrachtungszeitraum handelt. Im Zuge der Verschiebung der Alterspyramide werden auch die Legate-Spender immer älter.

Geschätzte 40 % der Legate-Spender sind den Organisationen bekannt. Über die Hälfte der Legate geht also bei den Organisationen ein, ohne dass diese deren Entstehung und Beweggründe nachvollziehen können. Dies ist darauf zurückzuführen, dass die professionelle Datenbank gestützte Mittelbeschaffung in der Schweiz noch vergleichsweise jung ist. Umso wichtiger erscheint uns in diesem Zusammenhang die Integration der verstorbenen Legate-Spender in die Spenderdatenbank oder in eine eigens angelegte Datenbank für verstorbene Legate-Spender. Um die Zielgruppenansprache im Legate-Markting zu verfeinern, empfiehlt es sich, im Zuge des Erbschaftsprozesses weitere Erkenntnisse über Beweggründe und Motivationen des Legate-Spenders einzuholen.

Schliesslich wurden die Organisationen noch gebeten, den typischen Legate-Spender ihrer Organisation zu charakterisieren. Nachfolgend findet sich eine Auswahl typischer Legate-Spender. Diese wurden partiell leicht verfremdet, damit keine Rückschlüsse auf die einzelnen Organisationen möglich sind (vgl. Tabelle 9).

Allein stehend, weiblich, Tierfreund	Frau, über 70, keine direkten Nachkommen
Allein stehende, ältere Witwe, die noch nicht in einem Altersheim ist	Gut situierter, älterer Jahrgang, soziale Ader, verbunden mit Kanton
Im Alter, weiss, was er will, hat Vertrauen zur Organisation	Habe Gründung oder Anfangszeit der Organisation miterlebt
Ältere Damen, ohne Nachkommen	Herz für Betagte, soziale Einrichtung, gläubig, war selbst Dienstleistungsbezüger
Ältere Person, mit einer Affinität zur Behindertengruppe, für die wir uns einsetzen	Indirekter Themenbezug zur Krankheit, betroffen und solidarisch
Ältere, verwitwete Person, die früher zusammen mit Gatten aktiv Hobbys betrieb und die Organisation durch die Presse kennen lernte	Jemand, der/die Gutes von uns gehört hat, katholisch
Ältere, wohlhabende Dame, die keine Nachkommen hat	Langjähriger Spender, mit Beziehung zu Mitarbeitenden der Organisation. Teilt ähnliche Wertevorstellungen wie jene in unserem Leitbild
Älterer Mensch, mit Bezug zum Zweck der Organisation durch Behinderung	Langjähriges Mitglied, unauffällig, keine Grosspenden zu Lebzeiten
Durchschnittlich 87 Jahre alt, weiblich	Mit unserem Stiftungszweck verbunden, will gezielt eine Spende für Kinder machen
Ehemaliger Freiwilliger, Mitarbeiter der Institution	Nichtspender, Frau, Domizil in Zürich, Bern, Tessin
Eher weiblich, über 80, eher schon Spenderin	Ohne bisherige Bindung, mit christlichen Werten
Alte, allein stehende oder verwitwete Frau, kinderlos, ohne gesetzliche Erben, war bereits vorher Spenderin	Ohne Nachkommen, langjähriges Mitglied
Typischen Legate-Spender gibt es leider nicht	Regelmässiger Spender, mit einer Spendensumme von 500 CHF pro Jahr
Wohlgesinnte Gönnerfamilie	Von Krankheit betroffen
Weiblich, über 70 Jahre alt, langjährige Beziehung zur Organisation, machte positive Erfahrungen mit NPO	Anonym, vermögend, weiblich, allein stehend
Allein stehende Frau, mit Bezug zu Vorstandsmitgliedern	Selbst von Krankheit betroffen, höheres Bildungsniveau, der Medizin verbunden
Frau, alt, allein stehend, keine direkten Nachkommen	Eher ältere Jahrgänge, eher weiblich

Tabelle 9: Auswahl von Profilen typischer Legate-Spender
(Quelle: Purtschert 2006, 7 f.)

Fazit: Die befragten Organisationen erhalten einen Grossteil der Legate von ihnen unbekannten Personen. Gleichzeitig führt nur ein kleiner Prozentsatz der Organisationen eine Datenbank mit verstorbenen Legate-Spendern. Informationen über die Charakteristik und Zusammensetzung der eigenen Legate-Spender sind jedoch die Grundvoraussetzungen für ein Erfolg versprechendes systematisches Legate-Marketing. Dementsprechend zentral erscheinen uns im Zuge des Legate-Marketing die Beschaffung und Auswertung von Informationen im Zusammenhang mit erhaltenen Legaten. Fasst man die Ausführungen zu den typischen Legate-Spendern in den befragten Organisationen sowie die theoretischen Erkenntnisse zusammen, lässt sich festhalten, dass ein typisches Profil eines Legate-Spenders resp. einer Legate-Spenderin wie folgt aussehen könnte:

- allein stehende, verwitwete Frau, in der Alterskategorie von 70-80 oder 80-90 Jahre;

- hinterlässt ein Legat von etwas über 40'000 CHF in der Form einer Geldspende zur freien Verfügung;

- Legate-Spenderin ist der Organisation entweder nicht bekannt, oder etwas verbindet sie mit dem Zweck einer Organisation (Betroffenheit von Krankheit etc.);

- teilt ähnliche Wertvorstellungen wie die Organisation.

4.3.2.2 Werte und Bedürfnisse der Hauptzielgruppen

Die derzeitige demographische Entwicklung steht im Zeichen einer fortschreitenden Alterung der Gesellschaft. In allen industrialisierten Ländern der Welt nimmt die Zahl der älteren Menschen tendenziell zu, während die jüngere Bevölkerung schrumpft. Das herausragende Merkmal der Schweizer Bevölkerung ist die Zunahme der älteren Altersgruppen. Im Jahr 2000 belief sich der Anteil der 80-jährigen und älteren Personen auf 4,1 % – im Jahr 1900 waren es gerade einmal 0,5 % –, jener der 65- bis 79-jährigen auf 11,2 %, verglichen mit 5,3 % vor 100 Jahren. In dieser Zeitspanne hat sich die Lebenserwartung beinahe verdoppelt: von 46 auf 77 Jahre beim männlichen resp. von 49 auf 83 Jahre beim weiblichen Geschlecht (vgl. Wanner/Forney 2005, 11 ff.).

Wie bereits erwähnt, liegt die Altersgruppe mit den meisten Erblassern gemäss einer Auswertung von Bauer/Schmugge für den Kanton Zürich bei 85-89 Jahren, vor der Alterskategorie 90-94 und 80-84 Jahre. Vor diesem Hintergrund erscheint es im Legate-Marketing dringend notwendig, sich mit den Werten und Charakteristika dieser Generation auseinanderzusetzen. Gemäss einer Studie von Frick (2005) – die sich auf Tiefeninterviews von 60 Befragten im Raum Frankfurt und Bremen stützt – ist die Mehrheit der über 50-Jährigen überzeugt, dass die zweite Hälfte ihres Lebens die bessere ist. Die Ergebnisse der Studie zeigen, dass mit zunehmenden Alter Sinnfragen und spirituelles Denken wichtiger werden. Die Autorin gelangt dabei zu folgendem Schluss: «Auch die 70- bis 80-Jährigen suchen den Wechsel zwischen Ruhe und Aktivität, jedoch mit einem deutlichen Akzent auf dem ruhigen Pol. Sie stellen sich vermehrt Sinnfragen und betonen den Wert von Bildung und Kultur. Ihr Konsumverhalten ist geprägt von bewusster Bescheidenheit» (Frick 2005, 47).

Die Tabelle 10 gibt einen groben Überblick über die gängige Unterscheidung nach Generationen seit 1900.

Die älteren Generationen bilden dabei keineswegs eine homogene Gruppe. So wächst die Heterogenität im Alter von Generation zu Generation. Die Spender der «55+»-Generation sind unter sehr verschiedenen Zeitumständen gross geworden, was zur Herausbildung von ganz spezifischen Einstellungen und entsprechendem Konsum- und Spendenverhalten geführt hat. Einen Zugang zu einem besseren Verständnis dieser Generationen ermöglicht der Kohortenbegriff. Unter einer «Kohorte» subsumiert man Personen nachrückender Generationen, die durch ein zeitlich gemeinsames, längerfristig prägendes Startereignis definiert werden. Eine Kohorte von Personen mit ähnlichen Eigenschaften lässt sich mit einer Welle vergleichen, die sich entlang der Zeitachse fortbewegt. Nachrückende Kohorten bzw. Generationen besitzen – aufgrund ihrer andersartigen Prägung – vielfach ganz andere Produktpräferenzen und Konsumgewohnheiten (vgl. Bovensiepen et al. 2006, 13 ff.; Deutsche Bank Research 2003, 7 ff.).

Traditionalisten, Veteranen geboren 1900-1945	Geprägt durch Krieg und Depression, ehren harte Arbeit, respektieren Autorität, sind loyal, pflichtbewusst und sparsam.
Baby Boomer geboren 1946-1964	In der Hochkonjunktur aufgewachsen, mit dem Wunsch und dem Willen, die Welt zu verändern. Haben sich Autonomie im Denken, in der Kleidung und der Sexualität erkämpft. Auf den Wellen der neuen Moden und des Erfolgs immer oben geschwommen, warten sie stets auf die nächste, grosse Welle. Egoistisch und optimistisch erwarten sie, dass sie im Alter ein gutes Leben haben werden, besser als ihre Eltern.
Generation X geboren 1965-1980	Mit unvollständigen Familien, Fernsehen und beschränkten Berufsperspektiven aufgewachsen. Die erste Generation seit dem Zweiten Weltkrieg, die damit rechnen muss, ökonomisch schlechter dazustehen als ihre Eltern. Fürchtet sich nicht vor Veränderungen.
Generation Y geboren 1981-1999	Sie sind die behütetste Generation seit Menschengedenken, wohlhabend, gut geschult, ethnisch durchmischte, intelligente und kooperative Teamplayer.

Tabelle 10: Generationen und Werte (Quelle: Frick 2005, S. 15 f.)

Die Hauptzielgruppe im Legate-Marketing ist – gemäss obiger Tabelle – eindeutig der Generation der Traditionalisten (geboren 1900-1945) zuzuordnen – dies vor dem Hintergrund eines noch nie da gewesenen Altersreichtums. So versteuert im Kanton Zürich jedes fünfte Rentner-Ehepaar mehr als eine Million, im Aargau gar jedes vierte. Betrachtet man den Median – der Median teilt die Leute in zwei gleich grosse Hälften, d.h. die eine Hälfte der Leute hat weniger, die andere Hälfte hat mehr –, so liegt dieser im Kanton Zürich für das Vermögen von Ehepaaren im Rentenalter bei 418'000 CHF und im Aargau bei exakt 500'000 CHF. Die Ledigen, Geschiedenen und Verwitweten erreichen im Kanton Aargau immer noch einen Median von 265'000 CHF. Gemäss der Aargauer Steuerstatistik bleiben die älteren Leute, je älter sie werden, nicht nur reich, sie werden sogar noch ein wenig reicher. Dies könnte zum einen darauf zurückzuführen sein, dass die unteren, ärmeren Einkommensschichten eine geringere Lebenserwartung aufweisen und unter den Überlebenden tendenziell die reicheren Schichten zurückbleiben, was sowohl den Median als auch das arithmetische Mittel steigert. Eine weitere Erklärung setzt beim zunehmenden Spartrieb im Alter an. Je näher der Tod rückt, desto mehr Geld halten die Leute für den Notfall zurück. Dies lässt sich dadurch erklären, dass sie im Pflegefall nicht von der staatlichen Fürsorge abhängig werden wollen (vgl. Schneider 2006, 1).

Zusammengefasst lässt sich festhalten, dass sich die Hauptzielgruppe im Legate-Marketing (Personen über 70 und 80 Jahre) durch einen relativ hohen materiellen Wohlstand, Bescheidenheit im Konsum- und damit wohl auch im Spendenverhalten einen, durch hohe Sensibilität für spirituelle Themen und Sinnfragen auszeichnet. Dieser Generation werden auch ein «Sicherheitswahn» und ein «zwanghafter Spartrieb» (Schneider 2006, 2) attestiert. Das Legat als Spendeninstrument bietet sich in diesem Zusammenhang insofern an, als die jeweiligen Zuwendungen erst nach dem Tod des Spenders einen Geldfluss auslösen, allfällige Zukunftsängste also kein Hindernis für eine Spende darstellen.

4.3.2.3 Erkenntnisse zum Verhalten angesichts der eigenen Sterblichkeit

Was das Verhalten der Zielgruppen im Legate-Marketing betrifft, liefert die Psychologie zusätzliche Erkenntnisse. Im Rahmen der Forschung zur sog. «Terror-Management-Theorie» (TMT) wird argumentiert, dass die Betonung der Werte der eigenen Kultur sowie die Überzeugung, ein wertvolles Mitglied der eigenen Kultur zu sein, dabei helfen, die Angst vor der eigenen Vergänglichkeit zu bewältigen. Die Erinnerung an die eigene Sterblichkeit führt demzufolge zu einer Stärkung des eigenen Selbstwerts und einer Verstärkung eigener kultureller Überzeugungen. Nach Jonas/Niesta führt die sog. Mortalitätssalienz, d.h. die Konfrontation mit der eigenen Sterblichkeit, zu spezifischen Verhaltensweisen. Innerhalb der vergangenen 20 Jahre konnten die Hypothesen der TMT in etwa 200 Experimenten in neun verschiedenen Ländern empirisch gestützt werden. Zum einen wurde gemäss Jonas/Niesta belegt, dass eine Stärkung des Selbstwertes Schutz vor existenzieller Angst bietet, da Personen auf Bedrohungen mit Selbstwertstärkung, in geringerem Masse mit Angst reagieren (Angst-Puffer-Hypothese). Zum anderen hat sich gezeigt, dass bei Erinnerung an die eigene Sterblichkeit ein verstärktes Bestreben von Personen besteht, den eigenen Selbstwert und kulturelle Überzeugungen zu stützen und gegen Angriffe zu verteidigen (Mortalitätssalienz-Hypothese) (vgl. Jonas/Niesta 2004, 15).

Experimente zeigen weiter, dass Personen, die über ihren eigenen Tod nachgedacht haben, eine stärkere Bereitschaft zu spenden aufweisen als Personen einer Kontrollgruppe. Die Ergebnisse illustrieren, dass die Salienz des eigenen Todes einen förderlichen Effekt auf prosoziales Verhalten in der Form von Geldspenden für wohltätige Zwecke haben kann. Die Identifikation mit den Werten der Organisation kann darin gipfeln, etwas über den Tod hinaus hinterlassen zu wollen. Legate können demzufolge im Motiv der eigenen Verewigung ihren Ausdruck finden, um das eigene Lebenswerk über den Tod hinaus mitgestalten zu können. (vgl. Jonas/Niesta 2004, 14 ff.)

Fazit: In allen industrialisierten Ländern der Welt nimmt die Zahl der älteren Menschen stetig zu, während die jüngere Bevölkerung schrumpft. Die zunehmende Alterung der Gesellschaft geht einher mit einem vergleichsweise hohen Wohlstand der Hauptzielgruppe im Legate-Marketing. Ihr Konsumverhalten ist geprägt von bewusster Bescheidenheit. Je näher der Tod rückt, desto mehr Geld hält die Zielgruppe für den Notfall zurück. Die Bevölkerungsgruppen über 70 und 80 Jahren haben ein stark entwickeltes spirituelles Bewusstsein und sind sensibilisiert für Sinnfragen. Wie Ergebnisse aus der TMT zeigen, führt die Erinnerung an die eigene Sterblichkeit zu einem verstärkten Bestreben, den eigenen Selbstwert und kulturelle Überzeugungen zu stützen.

4.3.3 Interne Datenbank

Zur Informationsanalyse dient primär die interne Datenbank. Um das Profil eines potenziellen Legate-Spenders für die eigene Organisation zu ermitteln, setzt man typischerweise bei den bereits verstorbenen Legate-Spendern an (vgl.

	Persönliche Daten		Legate-Typ		Adresse
1	Name	9	Geldleistung	16	Letzte Adresse
2	Zivilstand	10	Sachleistung	17	Wohnort
3	Geschlecht	11	Art der Zuwendung	18	Wohnkanton
4	Titel	12	Zur freien Verfügung	19	Letzter Aufenthalt
5	Alter beim Tod	13	Mit Auflagen	20	Spendengeschichte
6	Todesjahr	14	Art der Auflagen	21	Beziehung zur Organisation
7	Zeitpunkt Testamentserstellung	15	Gesamtwert der Zuwendung	22	Weitere Begünstigte
8	Alter Testament			23	Bemerkungen

Tabelle 11: Informationserfassung verstorbene Legate-Spender
(Quelle: Rodd 1998a, 22)

Rodd 1998a, 60 ff.). Dieser Vorgehensweise liegt die Annahme zugrunde, dass das Profil von kürzlich verstorbenen und zukünftigen Legate-Spendern eine hohe Ähnlichkeit aufweist (vgl. Rodd 1998b, 72). Eine Zusammenstellung der bisherigen Legate-Spendern nach Alter, Geschlecht, Spendengeschichte wie auch nach der jeweiligen Beziehung zur Organisation vermittelt unter Umständen erste Hinweise für die Zielgruppen-Segmentierung im Bereich des Legate-Marketing.

Als aufschlussreich erweist sich unter Umständen auch der Vergleich der Struktur der verstorbenen Legate-Spender und der bestehenden Spender. Fehlen diese Informationen, sollte sich die Organisation in einem nächsten Schritt erst einmal ein Bild über ihre Spenderstruktur verschaffen. In diesem Zusammenhang bieten sich qualitative und quantitative Marktforschungsmethoden an.

Gemäss der Befragung von Purtschert (2006, 4) verzichten drei von vier Organisationen in der Schweiz darauf, die Legate-Spender in die Datenbank zu integrieren oder aber eine eigene Datenbank mit verstorbenen Legate-Spendern zu führen. Dementsprechend gehen viele Informationen über die Legate-Spender verloren. Man darf annehmen, dass es in den nächsten Jahren auch in dieser Hinsicht zu einer Professionalisierung des Legate-Marketing kommen wird, zumal es Datenbank-Lösungen auf dem Markt gibt, die über entsprechende Legate-Module verfügen.

4.4　Austauschprozesse

Während eine normale Spende oft aufgrund eines Impulses erfolgt – die Spendenden müssen sich mit der Organisation nicht sonderlich befassen –, handelt es sich bei der Legatspende im Normalfall um eine überlegte Spende, «planned giving» im besten Sinn des Wortes. Aus diesem Grund braucht es auch einen Beziehungsaufbau zwischen der Organisation und den Destinatären. Dieser kann auch rein virtuell sein, indem der Destinatär ganz einfach das Verhalten und die Aktivitäten der Organisation beobachtet. Nicht selten findet aber ein längerer Austausch zwischen der Organisation und dem Destinatär statt (Dove et al. 2002, 89). Oft wird die gleiche Organisation seit Jahren unterstützt.

Diese Austauschprozesse sollen gefördert werden. Dazu gehören nicht nur entsprechende Drucksachen, sondern auf Wunsch auch Hilfestellung bei der Verfassung des letzten Willens sowie Beratung in Fragen der Vermögensverwaltung.

4.5　Positionierung

Für das Legate-Marketing wird die Gesamtorganisation zum «Produkt». «The mission is the product», wie die Amerikaner sagen (White 1995, 75). Es ist deshalb weniger sinnvoll, einzelne Produkte für die Legatvergabe zu positionieren, als vielmehr die Gesamtorganisation. Die Positionierung der Gesamtorganisation ist eine Kernaufgabe eines jeden Marketing- und Fundraising-

Konzeptes einer NPO. Die Positionierung ist eine wesentliche Grundlage zur Gestaltung der Organisationsidentität. Die bewusste Gestaltung der Identität der Organisation hat keinen Selbstzweck, sondern ist ein Instrument, um die Organisationsziele besser zu erreichen. Gerade NPO als relativ abstrakte Gebilde bekunden vermehrt Mühe, ihre Existenz glaubwürdig zu begründen. Glaubwürdigkeit und Vertrauen der Austauschpartner in die Organisation sind die Voraussetzungen eines jeden Legate-Marketing. Grundlage allen Vertrauens ist die Darstellung des eigenen Selbst in einer komplexen Umwelt. Besteht erst einmal ein Vertrauensverhältnis zwischen dem Spender und der Organisation, führt dies zu einer Senkung der Transaktionskosten. Wesentlicher Bestandteil der Transaktionskosten sind die Informationskosten (vgl. Purtschert 2005, 229 ff.). Spenderinnen und Spender wählen die Organisation, der sie spenden, bewusst aus. Ein wichtiges Differenzierungsmerkmal liegt nun darin, wie positiv eine Organisation von ihrer Zielgruppe wahrgenommen wird. Da Vertrauen der wichtigste Aspekt für eine regelmässige Spendentätigkeit und insbesondere auch für ein Legat darstellt, ist vor allem die Glaubwürdigkeit der Organisation entscheidend (vgl. Wagner/Kessler 2004, o.S.).

Wichtig ist aber auch die Positionierung der Legatspende. Hier ist darauf hinzuweisen, dass sich Legate besonders für «cash-poor»-Leute eignen. Das heisst, auch Wertgegenstände, Liegenschaften, usw. kommen als Legate in Frage – Objekte, die erst nach dem Tod in flüssige Mittel umgewandelt werden können. Wie bereits erwähnt, gilt es stets hervorzuheben, dass auch Legatspenden in Form von kleineren Beiträgen von Nutzen sind. «There is a common misconception that legacy gifts are late and <big> gifts. This is by no means always the case. …However, if legacies are promoted only as big gifts then it is likely that many potential legators will be put off» (Radcliffe 1998c, 38).

4.6 Legate-Mix

4.6.1 Art des Legats

4.6.1.1 Legate

Bei den Legaten unterscheidet man primär Geld- und Sachleistungen von Individuen. Über die Typen von begünstigten Organisationen gibt es in der Literatur zahlreiche Listen, diese sind jedoch stark kultur- und landesabhängig. Wie bei den übrigen Spenden sind Themen wichtig, die eine persönliche Betroffenheit auslösen. Dies belegen die Ausführungen über Grabspenden im nächsten Abschnitt. Grundsätzlich eignet sich praktisch jede Mission einer Organisation als Grund für eine Legatspende. Diese kann mit oder ohne Auflagen hinsichtlich ihrer späteren Verwendung versehen sein.

Die Höhe des durchschnittlichen Legats liegt bei den vom VMI befragten Organisationen bei rund 46'700 CHF (vgl. Purtschert 2006, 3 f.). Der Geldwert des durchschnittlichen Legats liegt bei 90 % der befragten Organisationen unter 100'000 CHF. Bei den Legate-Einnahmen der befragten Organisationen handelt es sich überwiegend um Geldspenden. Nur ein kleiner wertmässiger Anteil der Legate-Einnahmen geht in Form von Sachspenden (Liegenschaften, Gemälden etc.) bei den NPO ein. Im Durchschnitt setzen sich die Legate-Einnahmen der befragten Organisationen zu 90 % aus Geldspenden zusammen. Über die Hälfte der befragten Organisationen erhalten ausschliesslich Geldspenden. Ein ähnliches Bild ergibt sich bei der Frage der Zweckgebundenheit der Legate. Der durchschnittliche Anteil der zweckgebundenen Legate liegt bei rund 10 %. Der Anteil der zweckgebundenen Legate variiert jedoch sehr stark zwischen den einzelnen Organisationen. Etwas mehr als die Hälfte der Organisationen (54 %) erhält keine zweckgebundenen Legate.

4.6.1.2 Grabspenden

a) Definition der Grabspende

Als «Grabspenden» (auch «Kranzspenden» genannt) bezeichnet man jene finanziellen Zuwendungen an NPO, die aufgrund von Aufrufen in Todesanzeigen einbezahlt werden. Im Rahmen des Fundraising sollen Grabspenden als ein zusätzliches Instrument im Fundraising-Mix einer Organisation betrachtet werden (vgl. ausführlich VMI 1995; 2003).

Die Grabspenden haben mit Legaten einiges gemeinsam: Wie für ein Legat legt der Spender bzw. legen die Familienangehörigen fest, dass eine Organisation im Falle seines Todes finanziell berücksichtigt werden soll. Anders als bei Legaten stammt der Betrag jedoch nicht aus dem Vermögen des Verstorbenen, sondern wird von seinen Verwandten und Bekannten aufgebracht, denen der Wille des Verstorbenen via Leidzirkular und Todesanzeige mitgeteilt wird. Als «eigentliche Grabspenden» bezeichnen wir somit Einzahlungen an eine NPO in Erinnerung an einen Verstorbenen. Die Gemeinsamkeit mit Legaten besteht im Willen des Gönners, bei seinem Tod eine gemeinnützige Organisation zu begünstigen. Meistens besteht jedoch keine schriftliche vertragliche Vereinbarung. Der Ablauf einer Grabspende wird in der Folge näher erläutert.

b) Ablauf einer Grabspende

Zuerst muss der potenzielle Gönner auf die Möglichkeit eines Spendenaufrufs aufmerksam gemacht werden. Wenn möglich, sollte der Wunsch schriftlich festgehalten oder dem Umfeld mitgeteilt werden. Es gibt auch Personen, die ihre Todesanzeige selbst verfassen. Eine schriftliche Bemerkung im Testament ist nicht hilfreich, da die Testamentseröffnung meist erst später erfolgt.

Nach dem Todesfall kommt mit dem Verfassen und Publizieren der Todesanzeige die entscheidende Phase. Es kann sein, dass Schritt 1 nicht eintrifft, d.h. dass sich der Verstorbene keine Gedanken über einen möglichen Spendenaufruf gemacht hatte. Dann liegt das weitere Vorgehen meistens bei den Angehörigen des Verstorbenen, welche die Anzeige verfassen. Dies wird entweder zu Hause vorgenommen, um dann die Vorlage direkt am Schalter abzugeben oder per Fax an die Zeitung zu übermitteln. Oder aber der Familienvertreter kommt unvorbereitet an den Schalter des Inseratedienstes einer Zeitung oder einer Inseratevermittlungsfirma und lässt sich bei der Formulierung der Todesanzeige beraten. Weitere Vermittlerfunktionen werden von Druckereien und von Bestattungsinstituten wahrgenommen.

Nach telefonischen Aussagen von Personen, die bei der Publicitas und bei verschiedenen Tageszeitungen Todesanzeigen bearbeiten, kommen jedoch Personen nur selten unvorbereitet an den Schalter. Die meisten Kunden verfügen bereits über eine Vorlage. Bei der Beratung wird vor allem auf die Form, nicht aber auf den Inhalt der Anzeigen geachtet. Meistens wird nur noch über das Format entschieden und die Vollständigkeit überprüft. Einige Stellen haben dafür Checklisten und Musterordner zur Hand. Auf die Möglichkeit eines Spendenaufrufs wird aber nirgends gezielt aufmerksam gemacht.

Somit liegt es normalerweise an der Familie, die Idee eines Spendenaufrufs aufzugreifen. Viele Annahmestellen haben dafür das ZEWO-Mitgliederverzeichnis oder eine eigene Liste mit häufig benutzten Postcheckkonto-Nummern (insbesondere von regionalen Organisationen) zur Hand. Ist eine PC-Nummer nicht bekannt, so wird gelegentlich auch zum Telefon gegriffen und diese für den Kunden ausfindig gemacht.

Ist der Aufruf erfolgt, so wird die begünstigte Organisation entweder durch die Verfasser der Todesanzeige darauf aufmerksam gemacht, oder ein Mitarbeiter der Organisation stösst auf den Aufruf in der Zeitung. In der Regel wird man aber erst durch eine markante Häufung der Zahlungen auf den Spendenaufruf aufmerksam. Die Spendenden selber benützen dazu meist einen roten Einzahlungsschein, wo im Mitteilungsfeld der Name des Verstorbenen und die Adresse der Trauerfamilie vermerkt sind.

Die begünstigte NPO verbucht diese Einzahlungen als separate Spenden und verdankt sie direkt beim Spender. Wichtig ist auch die siebte Phase, bei welcher die Trauerfamilien laufend oder nach Abschluss des Kontos einen Auszug mit der Auflistung aller Spendenden erhalten, sei dies mit der detaillierten Nennung der einbezahlten Beträge oder mit einem Gesamtbetrag. Die Trauerfamilien bedanken sich dann ihrerseits bei den Spendern für das so ausgedrückte Gedenken an den Verstorbenen.

c) Häufigkeit der Aufrufe

Von den in einer Studie des VMI 2004 erfassten 1'844 Anzeigen enthalten genau 889 (48 %) einen Spendenaufruf; 960 Anzeigen (52 %) weisen keinen Spendenaufruf auf (vgl. Purtschert 2004). Die Anzeigen mit und ohne Spendenaufruf stehen also beinahe im Verhältnis 1:1. Dieses Verhältnis zieht sich mit bemerkenswerter Konstanz über die drei untersuchten Monate hinweg und deckt sich mit den Untersuchungen des VMI im Jahre 1995, als von 1'264 erfassten Anzeigen 644 einen Spendenaufruf enthielten (untersuchte Zeitperiode: zwei Monate).

Innerhalb der Gruppe der Anzeigen mit Spendenaufrufen gibt es solche, die zwei oder sogar drei Organisationen aufführen. 773 Anzeigen (42 %) erwähnen eine NPO, 110 Anzeigen (6 %) nennen zwei, und sechs Todesanzeigen verweisen auf drei Organisationen. Über alle Zeitungen hinweg werden somit insgesamt 1'011 Namen von Nonprofit-Organisationen erwähnt. Pro Todesanzeige mit Spendenaufruf ergibt dies einen Durchschnitt von 1,14 Nennungen von NPO. Auf die Grundgesamtheit von 1'844 Anzeigen bezogen, ergibt sich eine durchschnittliche Nennung von 0,55 NPO pro Anzeige. Oder anders ausgedrückt: Auf zehn Todesanzeigen fallen dank der Mehrfachaufrufe durchschnittlich 5,5 Nonprofit-Organisationen.

Eine weiterführende Analyse der Spendenaufrufe im Jahr 1995 zeigte, dass diese mit zunehmendem Alter des Verstorbenen tendenziell zunahmen. Während die Anzeigen ohne Spendenaufruf ein Durchschnittsalter der Verstorbenen von 75,4 Jahren aufwiesen, waren es bei jenen mit einem Aufruf 75,7 Jahre und bei jenen mit zwei Aufrufen bereits 79,4 Jahre.

Eine Auswertung der Spendenaufrufe nach Geschlecht ergab 1995, dass Todesanzeigen von männlichen Verstorbenen eine höhere durchschnittliche Anzahl Nennungen von NPO aufwiesen. Während bei weiblichen Personen 1995 49,1 % der Anzeigen einen Spendenaufruf enthielten, waren es bei den Männern 52,4 %. In der Studie von 2003 glich sich das Verhältnis zwischen Frau und Mann aus, jeweils 48% der Anzeigen enthielten einen Spendenaufruf.

Wie 1995 kam es auch im Jahr 2003 bei Männern häufiger vor, dass mehr als eine NPO erwähnt wurden.

d) Die begünstigten Organisationen

Interessant ist, ob die Todesanzeigen Aufschluss über die Beweggründe zur Wahl einer bestimmten NPO geben. Leider sind hier keine eindeutigen Aussagen möglich. In einer weitergehenden Analyse aus dem Jahr 1995 enthielten 542 Anzeigen (84 %) keine Bemerkungen zur gewählten NPO. Lediglich 16% (102) der Todesanzeigen, welche einen Spendenaufruf enthalten, äussern sich auch zur Wahl der NPO. Die gebräuchlichen Formulierungen lauten «im Sinne des Verstorbenen» (62 Mal) oder «auf Wunsch des Verstorbenen» (12 Mal). Es ist also nur in zwölf Fällen eindeutig erwiesen, dass der Verstorbene selbst den Wunsch zu einem Spendenaufruf zugunsten einer bestimmten Organisation geäussert hat. Diese Feststellung bestätigt die früher geäusserte Vermutung, dass meist die Trauerfamilie (und nicht der Verstorbene) den Entscheid zu einem Spendenaufruf fällt.

In etlichen Fällen ist auch aus dem Text ein eindeutiger Zusammenhang zwischen dem Verstorbenen und der gewählten NPO ersichtlich. Beispielsweise enthielt eine Anzeige einen Spendenaufruf für ein Altersheim. Aus der Adresse des Verstorbenen war dann ersichtlich, dass dieser zuletzt in eben diesem Altersheim gewohnt hatte. Auch wenn viele Anzeigen keine schlüssige Erklärung zur Wahl einer NPO erlauben, so lässt sich dennoch oft ein gewisser Zusammenhang erahnen. Wo Alters- und Pflegeheime oder Spitex-Organisationen genannt werden, ist zu vermuten, dass die oder der Verstorbene zuletzt in diesem Heim wohnte bzw. von dieser Spitex-Organisation gepflegt und betreut wurde. Genauso ist zu vermuten, dass Organisationen der Krankenhilfe und -forschung im Zusammenhang stehen mit der Krankheit, an der die Person gestorben ist. So kann angenommen werden, dass die Krebsliga vor allem in jenen Fällen bedacht wird, wo eine Person selber an Krebs gestorben ist.

Meist fällt ein regionaler Bezug auf: In den meisten Spendenaufrufen wird eine NPO in unmittelbarer geographischer Nähe bedacht. Zum Beispiel beziehen sich die Nennungen der Krebsliga meist auf kantonale Sektionen, die

Schweizerische Krebsliga wird nicht so oft genannt. Dasselbe gilt für Pro Senectute.

Um weiterführende Aussagen machen zu können, galt es, die genannten NPO zu klassifizieren. Dabei unterscheiden wir soziale, soziokulturelle, politische und wirtschaftliche NPO. Zusätzlich wurde eine Gruppe «Andere NPO» eingeführt, in der alle NPO aufgelistet wurden, deren Einteilung in eine der genannten Gruppen Schwierigkeiten bereitete. Weiter wurde eine Gruppe «Unbestimmte NPO» gebildet, da die Spendenaufrufe gelegentlich keine bestimmte Organisation nannten, sondern beispielsweise die Bemerkung enthielten, man möge irgendeiner «wohltätigen Institution» oder einer «gemeinnützigen Organisation» gedenken. In Tabelle 12 ist aufgelistet, wie stark jeder dieser Bereiche berücksichtigt wurde.

Deutlicher Spitzenreiter ist auch 2003 die Gruppe der sozialen NPO. 797 Nennungen (79 %) kamen aus diesem Bereich. Die sozialen NPO werden weiter unten noch genauer aufgegliedert.

Zweitgrösste Gruppe mit 132 Nennungen (13 %) ist jene der soziokulturellen NPO. Innerhalb dieser Gruppe unterscheiden wir zwischen Kirche, Schulen, Kultur und Freizeit, wobei diese Reihenfolge auch gleich der Rangliste der Anzahl Nennungen entspricht. Besonders hervorzuheben sind die Kirchen- und Kapellenrenovationen innerhalb der Gruppe der Kirche mit 19 Nennungen und in der Gruppe der Schulen die fünf Spendenaufrufe für Kinderkrippen. Die meisten übrigen Organisationen in der Kategorie der soziokulturellen NPO werden nur ein- oder zweimal genannt.

Letztlich verbleiben all jene NPO, welche sich nicht eindeutig in das gewählte Schema einpassen lassen oder die wir mangels detaillierter Informationen nicht einordnen können. Hier findet man 24 verschiedene NPO (3,1 %) aufgelistet, welche meist nur eine Nennung erhalten. Bei insgesamt 71 Spendenaufrufen (7 %) wurde die Wahl der Organisation dem Spender selbst überlassen. Wir haben sie deshalb in die Gruppe «Unbestimmte NPO» einge-

Zeitung	BaZ	%	Bund	%	FN	%	LZ	%	NZZ	%	StGT	%	Total	%
Soziale NPO	165	83,5	110	83	42	93	267	76	113	73	100	77	797	79
Politische NPO	1	0,5	1	1	0	0	0	0	2	1,5	0	0	4	0,5
Soziokulturelle NPO	20	10	21	16	3	7	46	13	28	18	14	10,7	132	13
Andere NPO	3	1,5	0	0	0	0	0	0	2	1,5	2	1,5	7	0,5
Unbestimmt	8	4,5	0	0	0	0	40	11	9	6	14	10,7	71	7
Total	197	100	132	100	45	100	353	100	154	100	130	100	1'011	100

Tabelle 12: Berücksichtigung der Organisationen nach Tätigkeitsgebieten

teilt. In den Todesanzeigen fanden sich Aufrufe, man möge gemeinnütziger, wohltätiger oder «im Dienste der Menschen stehender» Organisationen und Institutionen gedenken. Es kam auch vor, dass der Kreis in dem Sinne eingeschränkt wurde, dass man «einer für den Frieden tätigen Organisation», einer Behindertenorganisation oder einer jüdischen Institution spenden solle.

Aufgrund ihrer überragenden Bedeutung wird die Gruppe der sozialen NPO in nachfolgender Tabelle weiter aufgegliedert (vgl. Tabelle 13).

Innerhalb der sozialen Organisationen stehen Krankenhilfe und -forschung (23 %) an erster Stelle, knapp vor Alters- und Pflegeheimen (18,5 %) und der Entwicklungshilfe. Ebenfalls häufig bedacht werden Spitex und Krankenpflege (13,0 %) sowie die Behinderten- und Kinderhilfe (6 % bzw. 5 %). Auf den nächsten Plätzen folgen die Mission (4,5 %) und die Armenhilfe/Fürsorge (4 %); die für die übrigen Bereiche berechneten Werte betragen 3 % und weniger. Im Vergleich zu 1995 hat der Bereich der Entwicklungshilfe markant zugenommen (von 4,7 auf 18 %). Dies hängt mit dem stärkeren Auftritt der «Médicins sans Frontières» (vgl. Tabelle 14) zusammen, einer Organisation, welche der Entwicklungshilfe zugerechnet wird. Ausserdem wurden Organisa-

114

Zeitung	BaZ	%	Bund	%	FN	%	LZ	%	NZZ	%	StTG	%	Total	%
Entwick-lungshilfe	33	**20**	34	**31**	1	**2,5**	30	**11**	28	**25**	16	**16**	142	**18**
Mission	3	**2**	0	**0**	2	**4,5**	24	**9**	3	**2,5**	4	**4**	36	**4,5**
Spitex, Kranken--pflege	16	**9,5**	14	**13**	10	**24**	44	**16,5**	12	**10,5**	6	**6**	102	**13**
Alters- und Pflegeheim	21	**12,5**	12	**11**	11	**26**	75	**28**	10	**9**	20	**20**	149	**18,5**
Krankenhilfe/-forschung	43	**26**	28	**25,5**	13	**31**	48	**18**	28	**25**	25	**25**	185	**23**
Kinderhilfe/-heime	11	**6,5**	4	**3,5**	0	**0**	15	**5,5**	4	**3,5**	4	**4**	38	**5**
Behinderten-hilfe/-heime	7	**4**	4	**3,5**	5	**12**	8	**3**	9	**8**	15	**15**	48	**6**
Blindenhilfe/-heime	6	**4**	5	**4,5**	0	**0**	6	**2,5**	4	**3,5**	1	**1**	22	**3**
Armenhilfe/Fürsorge	9	**5,5**	4	**3,5**	0	**0**	11	**4**	3	**2,5**	5	**5**	32	**4**
Berghilfe	6	**4**	4	**3,5**	0	**0**	4	**1,5**	11	**10**	0	**0**	25	**3**
Senioren-hilfe	1	**0,5**	1	**1**	0	**0**	2	**1**	1	**0,5**	4	**4**	9	**1**
Andere	9	**5,5**	0	**0**	0	**0**	0	**0**	0	**0**	0	**0**	9	**1**
Total	165	**100**	110	**100**	42	**100**	267	**100**	113	**100**	100	**100**	797	**100**

Tabelle 13: Nennungen nach Kategorien der sozialen NPO 2003

Rang	Organisation	Anzahl Nennungen (3 Monate)
1	Krebsliga	59
2	Médicins Sans Frontières	30
3	Kinderspital Kantha Bopha, Dr. Beat Richner, Kambodscha	27
4	Schweizer Berghilfe, Adliswil	19
5	Lungenliga	14
6	Alzheimer Vereinigung	11
7	Heilsarmee	9
8	Pro Senectute	8

Tabelle 14: Am häufigsten genannte Organisationen 2003

tionen im Bereich der Krankenhilfe-/forschung sowie Alters- und Pflegeheime markant häufiger mit Spenden bedacht. Hier lassen sich die Zusammenhänge zwischen dem Verstorbenen resp. der Verstorbenen, seinen/ihren Lebensumständen vor dem Ableben sowie der Todesursache und der begünstigten Organisation sehr deutlich erahnen.

Auf der Ebene der einzelnen Organisationen und Institutionen fallen einige besonders auf, wie die Tabellen 13 und 14 zeigen. Wie bereits 1995 führt die Krebsliga die Tabelle der am häufigsten genannten Organisationen an. Ein Grund hierfür mag einerseits in der hohen Zahl der an Krebs verstorbenen Personen liegen, andererseits aber auch in der starken lokalen Verankerung der Organisation. Die meisten Spenden gehen denn auch nicht an die Schweizerische Krebsliga, sondern an die jeweiligen lokalen Sektionen. Die «Médicins Sans Frontières» (MSF), 1999 mit dem Friedensnobelpreis ausgezeichnet, sind die Aufsteiger der letzten Jahre. In Anbetracht dessen erstaunt das gänzliche

Fehlen des Internationalen Roten Kreuzes wie auch das schwache Abschneiden des Schweizerischen Roten Kreuzes. Wurde das IKRK nicht einmal in einer einzigen Todesanzeige erwähnt, verzeichnete auch das Schweizerische Rote Kreuz mit seinen regionalen Sektionen nur gerade fünf Nennungen. Auf Rang 3 folgt wie bereits vor acht Jahren das Kinderspital Kantha Bopha von Dr. Beat Richner. Die Schweizerische Paraplegiker-Stiftung hingegen ist aus der Rangliste der acht meistgenannten Organisationen verschwunden. Die Stiftung wurde nur gerade einmal erwähnt. Die negativen Schlagzeilen in den Wochen und Monaten unmittelbar vor dem betrachteten Zeitraum (Januar, Februar, März 2003) dienen da als mögliche Erklärungsursache. Interessanterweise scheint sich die negative Presse bei den privaten Grabspenden bemerkbar zu machen. Bei den Mitgliedsbeiträgen hingegen vermeldet die Stiftung nach eigenen Angaben keinen Rückgang. Erneut unter den acht meistgenannten Organisationen befinden sich die Pro Senectute und die Schweizer Berghilfe.

e) Schlussfolgerungen

Die Gewinnung von Grabspenden ist ein schwieriges Unterfangen. Noch immer haben viele Organisationen grosse Berührungsängste bei diesem Thema. Auch hier gilt wie beim Legate-Marketing, dass künftigen Gönnern bereits zu Lebzeiten entsprechende Anreize geboten werden müssen. Bei der Gewinnung von Grabspenden kommt der Positionierung der Organisation eine entscheidende Bedeutung zu, wie das Beispiel der MSF zeigt. Diese Organisation hat es in den vergangenen Jahren geschafft, sich mit einer glaubwürdigen Positionierung im Bewusstsein der Bevölkerung zu verankern, was sich in einer markanten Steigerung der Grabspenden niedergeschlagen hat. Eine positive Wahrnehmung der Organisation ist also eine wesentliche Voraussetzung für den Fundraising-Erfolg. Deshalb empfiehlt das Freiburger Management-Modell für NPO die Positionierung der Organisation als unverzichtbare Grundlage für das Legate-Marketing (Schwarz et al. 2005, 224 f.). Aus Sicht der Organisation gilt es, eine Vertrauensbasis zu schaffen, aus der Solidarität entsteht, die schliesslich in einer Grabspende mündet.

4.6.2 Kommunikation

Zum Verständnis der Kommunikation haben neben der Ökonomie die Psychologie und Soziologie wichtige Impulse und weiterführende Erkenntnisse geliefert. Für die Beschreibung des Kommunikationsprozesses eignet sich das auf Lasswell (1967, S. 178) zurückgehende klassische, systemorientierte Kommunikationsmodell: «Wer, sagt was, zu wem? Auf welchem Kanal? Mit welcher Wirkung?».

- *Wer:* Die Nonprofit-Organisation
- *Sagt was:* Kommunikationsbotschaft. Diese ist sprachlich und bildlich zu codieren.
- *Über welchen Kanal:* Es sind Medien oder Kommunikationsträger zu bestimmen.
- *Zu wem:* Zielpersonen, Kommunikationsempfänger
- *Mit welcher Wirkung?*

Dieses einfache Denkschema kann durch weitere Fragen ergänzt werden, wie durch Fragen zu den Kommunikationskosten oder zur Kommunikationswirkung. Zudem sind in das System Störungen durch vielfältige Einflüsse einzubeziehen. Im Zusammenhang mit dem Legate-Marketing werden die folgenden Punkte kurz erläutert (vgl. ausführlich Purtschert 2005, 229 ff.).

In der Kommunikation sollten Authentizität, Glaubwürdigkeit, Ehrlichkeit und Charakter im Vordergrund stehen. Ein realistisches Bild der Zielgruppe, die mehrheitlich über 60 Jahre alt ist, ist die Voraussetzung für die Wahl geeigneter Kommunikationsinstrumente und für die Tonalität. Die Tonalität der Kommunikation sollte dabei sensibel sein.

4.6.2.1 Der Sender

NPO als Sender der Legate-Botschaft verfolgen einen Zweck, der durch Sachziele bestimmt wird. Dementsprechend beeinflusst die Zwecksetzung einer Organisation auch deren Attraktivität im Bereich des Legate-Wesens. Wichtig ist festzuhalten, dass die Zahl der Legate resp. die Beliebtheit noch nichts über die durchschnittliche Höhe des Legats aussagen. Beträgt das durchschnittliche

118

Legat im Bereich «Tiere/Tierschutz» (2. Rang hinsichtlich Beliebtheit) in Grossbritannien 13'920 £, sind im Bereich «Erziehung» 30'483 £ (12. Rang hinsichtlich Beliebtheit) (vgl. Smith 1998, 27). Die Beliebtheit einer Zwecksetzung korreliert also nicht notwendigerweise mit der durchschnittlichen Höhe eines Legats.

Für die Schweiz sind leider keine entsprechenden Daten für das Legate-Wesen bekannt. Was die allgemeinen Spenderpräferenzen betrifft, liegen «Kinder» in der Schweiz ganz vorne, vor Themen wie «Behinderte», «Umweltkatastrophen», «Natur- und Umweltschutz», «Hunger» und «Krankheitsforschung». Es ist davon auszugehen, dass die Spenderpräferenzen nach Themen sich auch im Bereich des Legate-Wesens von Land zu Land unterscheiden. Nicht in Betracht kommt im Rahmen des Legate-Marketing das Thema «Umweltkatastrophen» oder «Katastrophen-/Nothilfe allgemein», da ein Legat erst im Falle des Todes des Spendenden wirksam wird. Es ist anzunehmen, dass sich die Beliebtheit der Zwecksetzung im Bereich der Grabspenden nicht stark von derjenigen im übrigen Legate-Bereich unterscheidet.

Im Bereich der Grabspenden zeigt sich in der Schweiz (vgl. Abschnitt 4.6.1.2), dass soziale NPO (79 %) mit Abstand am häufigsten mit einer Zuwendung bedacht werden, vor den soziokulturellen NPO (13 %). Innerhalb der sozialen NPO rangiert der Bereich der Krankenhilfe und -forschung ganz oben, vor den Zuwendungen an die Spitex/Krankenpflege und an Alters- und Pflegeheime. Auf dem nächsten Rang folgt dann der Themenbereich «Behinderte». Diese Rangliste ist mit Ausnahme der Tierschutzorganisationen weitgehend deckungsgleich mit den angelsächsischen Erkenntnissen im Bereich des Legate-Wesens. Radcliffe hält fest, dass das Legate-Marketing grundsätzlich von sämtlichen gemeinnützigen Organisationen betrieben werden kann, unabhängig von ihrer Zwecksetzung (vgl. Radcliffe 1998c, 39).

4.6.2.2   Botschaft

Es ist von zentraler Bedeutung, dass die Organisation im Rahmen des Legate-Marketing eine Vision entwickelt. Der potenzielle Legate-Spender muss davon überzeugt werden, dass er über sein Leben hinaus etwas bewirken kann.

Die Vision bezieht sich explizit auf die Zukunft, und nicht auf die Gegenwart («proof of past impact, future needs and outcomes; prove cost efficiency»). In diesem Zusammenhang gilt der Grundsatz, dass potenzielle Spender darauf aufmerksam gemacht werden, wie wichtig Legate für die Zweckerfüllung eines Hilfswerks sind und dass diese Mittel auch in der Zukunft dringend benötigt werden. Legate erlauben es dem Hilfswerk, Visionen zu verwirklichen. Dabei ist es in den meisten Fällen nicht möglich, auf konkrete Projekte näher einzugehen, da der Zeitpunkt des Eintreffens des Legats unvorhersehbar ist oder nur approximativ geschätzt werden kann. Interessanterweise erhält beispielsweise der Zoo Basel immer wieder Legate und Vermächtnisse mit der Auflage, diese für neue Tieranlagen in der Zukunft zu verwenden, ohne dass diese Projekte vom Zoo aktiv beworben würden. Die Legatäre, die wohl in den meisten Fällen im Laufe ihres Lebens durch Zoobesuche eine enge Bindung zur Institution oder einzelnen Tieren aufgebaut haben, haben gleichzeitig eine eigene Legate-Vision entwickelt. So macht es für andere gemeinnützige Organisationen durchaus Sinn, bildliche Visionen zur Weiterentwicklung ihrer Organisation zu entwerfen, auch wenn deren Realisierung nicht unmittelbar bevorsteht und die entsprechenden Pläne noch mit einer hohen Unsicherheit behaftet sind.

4.6.2.3   Kanal

Unabhängig vom Legate-Marketing stellt sich die Frage, wie ältere Personen (Generation 50+) am wirkungsvollsten angesprochen werden können. Wie britische Studien zeigen, ist die TV grundsätzlich ein sehr zielgruppenaffines Medium. Ältere Menschen verbringen täglich bis zu fünf Stunden vor der TV. Dies entspricht in etwa einer 30-40 % stärkeren TV-Nutzung, im Vergleich mit der jüngeren Konsumentenschicht. Weitere wichtige Quellen der Informationsbeschaffung sind nach absteigender Beliebtheit Zeitungen, «In-Store-Promotions», Sponsoring seniorenspezifischer Veranstaltungen, Radio-Werbung, Mund-zu-Mund-Propaganda und Direct-Mailings (Bovensiepen et al.

Kommunikationsmittel	Ø Bewertung
1. Brieflicher Kontakt	4.02
2. Anzeigen in der Presse	3.67
3. TV-Werbung	3.38
4. Information durch Anwälte	2.46
5. Information durch Finanzberater	2.42
6. Persönlicher Besuch	1.54
7. Telefonischer Kontakt	1.52
Bewertung von 1 = am wenigsten bevorzugt bis 5 = am meisten bevorzugt	

Tabelle 15: Bevorzugte Kommunikationsmittel im Legate-Bereich
(Quelle: Sargeant/Jay 2003, o.S.)

2006, 29 f.). Bei diesen Ergebnissen stellt sich aber die Frage, inwieweit sich diese Erkenntnisse auf den Schweizer Markt und die spezifische Situation beim Legate-Marketing übertragen lassen.

Eine Untersuchung von Sargeant/Jay zu den bevorzugten Kommunikationsmitteln im Legate-Marketing ergab die in Tabelle 15 aufgelistete Rangierung (vgl. hierzu ausführlich Abschnitt 4.6.4).

Was die Bedeutung der einzelnen Kommunikationsmittel im Rahmen des Legate-Marketing in den befragten Organisationen (vgl. Purtschert 2006, 4) anbelangt, lässt sich die in Tabelle 16 aufgeführte Rangierung folgendermassen kommentieren:

Es erstaunt nicht, dass den persönlichen Gesprächen von den befragten Organisationen die höchste Bedeutung beigemessen wird. Verknüpft man diese Erkenntnisse mit den Ergebnissen zu den Promotoren im Bereich des Legate-Marketing, so sind persönliche Gespräche des Geschäftsführers/Direktors resp. der Vorstandsmitglieder das wichtigste Instrument im Kommunikationsmix.

Der Legate-Broschüre wird nicht überraschend ebenfalls ein hohen Stellenwert beigemessen, dies obwohl Radcliffe glaubt, dass deren Wirkung im

Welche Bedeutung messen Sie **folgenden Kommunikationsmittel** im Rahmen des Legate-Marketing bei?	Wert arith. Mittel
Persönliche Gespräche	4.20
Legate-Broschüren/Folder	3.44
Mitgliederzeitschrift	3.21
Veranstaltungen/Anlässe	3.05
Jahres-/Leistungsbericht	3.04
Brief/Direct Mailing	2.78
Website	2.69
Inserate	2.42
Telefon-Marketing	1.95
Plakate	1.83
Skala von 1 (gar keine) bis 5 (sehr grosse Bedeutung)	

Tabelle 16: Kommunikationsmittel im Rahmen des Legate-Marketing
(Quelle: Purtschert 2006, 4)

Rahmen des Legate-Marketing tendenziell überschätzt wird. Legate-Marketing beschränkt sich denn auch nicht auf die Gestaltung einer entsprechenden Broschüre. Vielmehr ist davon auszugehen, dass eine Broschüre nur eingebettet in ein Legate-Konzept die gewünschte Wirkung entfalten kann. Im Bereich von Veranstaltungen und spezifischen Anlässen orten wir noch ein gewisses Potenzial. Hier würde sich allenfalls auch eine Kooperation mit einem Unternehmen im Bereich der Vermögensverwaltung anbieten.

Auffallend ist, dass entgegen den Empfehlungen der angelsächsischen Experten dem Jahres-/Leistungsbericht wie auch brieflichem Kontakt im Rahmen des Legate-Marketing eine geringe Bedeutung eingeräumt ist. Hier gilt es abzuwägen, inwieweit angelsächsische Erkenntnisse auf den Schweizer Markt übertragbar sind. Hinsichtlich des Jahresberichts ist zu überlegen, inwiefern ein verkürzter, spezifisch auf Spender zugeschnittener Leistungsbericht zu empfehlen wäre. In diesem Rahmen könnte man auch die Legate-Vision prominenter kommunizieren. Der Schaltung von Inseraten wird im Rahmen des Legate-Marketing allgemein eine geringe Bedeutung attestiert. Dennoch greifen vereinzelte Organisationen auf dieses Instrument zurück. So schaltete der WWF ganzseitige Legate-Inserate im Migros-Magazin, und auch Greenpeace lancierte eine Legate-Inserate-Kampagne. Vereinzelt findet man auch spezifische Legate-Inserate von Entwicklungshilfe-Organisationen. Hier stellt sich die Frage, inwieweit spezifische Legate-Inserate notwendig sind oder ob nicht herkömmliche Inserate-, Plakatkampagnen eine ähnliche Wirkung im Sinne einer Steigerung der Bekanntheit der Organisation entfalten.

4.6.2.4 Zielgruppen

Zielgruppen der entsprechenden Legate-Botschaft sind primär die wichtigsten Anspruchsgruppen der jeweiligen Organisation. Im Umfeld der Organisation haben wiederum bestimmte Personen einen besonders grossen Einfluss auf ihre Mitmenschen und potenzielle Legate-Spender. Dazu zählen beispielsweise:

- Ehrenamtliche Mitarbeitende (Vorstands-/Stiftungsratsmitglieder)
- Freiwillige Mitarbeitende
- Angestellte Mitarbeitende
- Mitglieder Gönnervereinigung
- Anwälte/Notare
- Finanz-, Anlageberater

Diese Personen, die in der Literatur auch als «Meinungsführer» («opinion leader»/Promotoren) bezeichnet werden, wirken als Multiplikatoren im Legate-Marketing.

Was die Promotoren im Rahmen des Legate-Marketing anbetrifft, werden der Geschäftsführung und dem Vorstand resp. Stiftungsrat nicht überraschend die höchste Bedeutung im Ablauf des Legate-Marketing attestiert. Ein systematisches Legate-Marketing setzt demzufolge bereits bei der Ernennung der Vorstandsmitglieder ein. Zum einen repräsentieren diese Personen die Organi-

Welche **Bedeutung** messen Sie den folgenden Anspruchsgruppen **als Promotoren im Rahmen des Legate-Marketing** bei?	Wert arith. Mittel
Geschäftsführer/Direktor der Organisation	4.19
Präsident/Vorstandsmitglieder/Stiftungsräte	3.98
Spender	3.69
Anwälte/Notare	3.66
Vermögensverwalter/Anlageberater	3.55
Betroffene/Familie von Betroffenen	3.25
Mitglieder von Gönnervereinigungen	3.12
Freiwillige Mitarbeiter	2.78
Benutzer der Einrichtungen/Dienstleistungsempfänger	2.71
Skala von 1 (gar keine) bis 5 (sehr grosse Bedeutung)	

Tabelle 17: Promotoren im Rahmen des Legate-Marketing
(Quelle: Purtschert 2006, 5)

sation nach aussen. Ausserdem verfügen sie über die entsprechenden Beziehungsnetzwerke, aus deren Umfeld sich Legate rekrutieren lassen, und schliesslich kommen sie selbst als Zielgruppe für ein späteres Legat in Frage. In diesem Zusammenhang erscheint es unerlässlich, dass die Geschäftsführung einer Organisation die Vorstandsmitglieder für das Legate-Thema sensibilisiert und auf dessen Bedeutung aufmerksam macht. Dies gilt allgemein für das Fundraising (zur Rolle von Aufsichtsorganen in der Ressourcenbeschaffung vgl. Beccarelli 2005, 82 ff.). Die Besetzung der Vorstände und Stiftungsräte erlaubt es der Organisation, wichtige Austauschpartner enger an die Organisation zu binden. Aus Sicht der Ressourcenbeschaffung sind für die Besetzung der entsprechenden Organe zwei Gesichtspunkte massgebend:

- Verknüpfung mit potenziellen Ressourcengebern

- Rekrutierung von Personen mit Beziehungen zu potenziellen Ressourcengebern resp. mit öffentlichem Renommee zur Stimulierung der Spendenbereitschaft in der allgemeinen Öffentlichkeit

Dies gilt analog auch für das Legate-Marketing. Einschränkend muss erwähnt werden, dass die Besetzung der Aufsichtsorgane rein nach Aspekten der Ressourcenbeschaffung und die Forderung der Betriebswirtschaftslehre nach kleineren, schlanken Gremien mit einer hohen Sachkompetenz in einem potenziellen Spannungsfeld stehen. So ist es – neben der Sicherstellung der Finanzierung – Aufgabe dieses Gremiums, eine langfristige Strategie und Vision für die Organisation zu entwickeln. Gleichzeitig hat es Kontrollaufgaben wahrzunehmen. Im Idealfall vereinigt ein Vorstandsmitglied sowohl strategische Fähigkeiten als auch Anforderungen aus Sicht der Ressourcenbeschaffung auf sich. Hier gilt es zu bedenken, dass aus Sicht der Aufsichtsorgane die Anreize im Sinne von sozialem Prestige, Zugehörigkeit zu Netzwerken oder Gewinn an Einfluss in relativer Unabhängigkeit von deren Aktivitäten im Bereich der Ressourcenbeschaffung für die Organisation entstehen.

Anwälten/Notaren wie auch Vermögensverwaltern wird von den Organisationen ebenfalls eine hohe bis durchschnittliche Bedeutung beigemessen. Hier stellt sich die Anschlussfrage, wie man diese Zielgruppe im Rahmen des Legate-Marketing erfolgreich bearbeitet. Wie bereits angetönt, zweifeln wir an der Wirksamkeit von Inseraten in den Anwaltsverzeichnissen resp. am Erfolg von entsprechenden Massenmailings. Hier würden sich allenfalls eine individuelle Ansprache und ein persönliches Gespräch, verbunden mit einer Präsentation der Organisation, anbieten.

Den Benutzern der Einrichtungen/Dienstleistungsempfängern wird eine sehr geringe Bedeutung attestiert. Dies erscheint aus Sicht einer Entwicklungshilfe-Organisation oder einer Umweltschutzorganisation nachvollziehbar – nicht jedoch für Organisationen, die im Bereich der Krankenhilfe, Behindertenhilfe oder Fürsorge in der Schweiz tätig sind. Die persönliche Betroffenheit resp. die Inanspruchnahme von Dienstleistungen einer Organisation gelten allgemein als zentrale Motive im Bereich der Legate-Vergabe. Als Zielgruppe bieten sich dabei nicht nur die Betroffenen an, sondern auch deren Angehörige. Organisationen wie beispielsweise die Krebsliga, Alzheimer-Vereinigungen und Behindertenorganisationen gehören international zu den Organisationen mit den höchsten Legate-Aufkommen. Die Bedeutung der Dienstleistungsempfänger oder Nutzer der Einrichtungen im Legate-Marketing zeigt sich auch am Beispiel der Zoologischen Gärten in der Schweiz. Sowohl der Zoo Basel als auch der Zoo Zürich weisen ausserordentlich hohe Einnahmen aus Legaten aus. Folglich dürften auch Museen und weitere kulturelle Organisationen über ein grosses Potenzial im Legate-Bereich aufweisen, das diese in der Schweiz bisher kaum ausschöpfen.

4.6.2.5   Wirkung

Die Frage der Wirkung der Legate-Kommunikation ist sehr schwierig zu beantworten, weil die Ursache-Wirkung-Zusammenhänge oftmals sehr komplex sind und sich zeitliche Verzögerungen zwischen der kommunikativen Massnahme und dem Eintreffen des Legats einstellen. Auch hier gilt der gleiche Grundsatz wie im Fundraising allgemein, dass dieses nicht isoliert betrachtet werden darf, sondern in einem Gesamtzusammenhang gesehen werden muss. Die Entscheidung, einer Organisation ein Legat zu hinterlassen, dürfte in den meisten Fällen von vielen, teilweise von der Organisation nur sehr schwer beeinflussbaren Faktoren abhängig sein. Oft dauert dieser Entscheidungsprozess über Jahre.

4.6.3   Preis/Kosten eines Legats

4.6.3.1   Kosten aus Sicht der Organisation

Das Legate-Marketing wird in der Literatur immer als «kostengünstiges Fundraising-Instrument» bezeichnet. Allerdings ist ein systematisch betriebenes Legate-Marketing mit relativ hohen Implementierungskosten und schwer prognostizierbaren Erfolgsaussichten verbunden. Unter Umständen fallen die aus diesen Massnahmen resultierenden Erträge erst Jahre später an. Im Unterschied beispielsweise zu einer Direct-Mailing-Aktion sind die Ursache-Wirkung-Zusammenhänge im Rahmen des Legate-Marketing nicht unmittelbar ersichtlich. Für die Verantwortlichen im Bereich des Legate-Marketing kommt erschwerend hinzu, dass vielfach erst der Nachfolger resp. die Nachfolgerin die Früchte seiner/ihrer Bemühungen erntet.

4.6.3.2 Kosten aus Sicht des Legate-Spenders

Was die Kosten eines Legats aus Sicht des Spenders anbetrifft, erweist sich die Legatsspende gegenüber vielen anderen Unterstützungsmöglichkeiten als «überlegen». So entstehen die Kosten eines Legats erst, nachdem der Spender verstorben ist, während der Nutzen im Sinne geordneter Verhältnisse, eines guten Gewissens, von Dankbarkeit von Seiten der begünstigten Organisation etc. bereits zu Lebzeiten des Gönners anfällt.

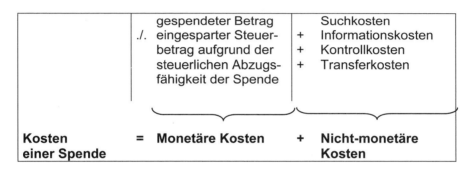

Tabelle 18: Kosten einer Spende (Quelle: Beccarelli 2005, 99)

Was die monetären Kosten betrifft, werden Legate an gemeinnützige Organisationen in vielen Kantonen – sofern überhaupt noch eine Erbschafts- und Schenkungssteuer erhoben werden – steuerlich begünstigt. Da die Erb- schafts- und Schenkungssteuer unter die kantonale Steuerhoheit fallen, sei an dieser Stelle an die entsprechenden Steuerverwaltungen verwiesen. Im Bestre- ben, die monetären Kosten für den potenziellen Gönner resp. seine Nachkom- men so gering wie möglich zu halten, weisen im Rahmen des Legate-Marketing denn auch zahlreiche Organisationen auf den Umstand der steuerlichen Privile- gierung hin. Bezüglich der nicht-monetären Kosten ergibt sich ein differen- zierteres Bild. Diese fallen mehrheitlich noch zu Lebzeiten des potenziellen

Spenders an. Was die Such- und Informationskosten anbetrifft, sind primär die Organisationen gefordert, auf die Möglichkeiten und die Notwendigkeit der Legatsspende hinzuweisen. Der Kommunikation der Legate-Vision wie auch der entsprechenden Kontaktpersonen kommt dabei eine wichtige Bedeutung zu. Was die Transferkosten betrifft, tangieren diese in erster Linie die Errichtung des Testaments. Im Wissen um dieses Hindernis, leisten zahlreiche Organisationen in Grossbritannien Hilfestellung, indem sie diesbezügliche Kosten auf Wunsch übernehmen oder aber mit Anwaltskanzleien vergünstigte Tarife für ihre Spender aushandeln. Im Bereich der Kontrollkosten ergeben sich die grössten Unterschiede zu den übrigen Unterstützungsmöglichkeiten. So hat der Legate-Spender nach seinem Tod keine Möglichkeit, diese Kontrollfunktion wahrzunehmen, allenfalls obliegt sie noch seinen Erben oder Nachkommen. Es ist deshalb von grosser Bedeutung, dass die Organisation dem potenziellen Legate-Spender bereits zu Lebzeiten Vertrauen einflösst, indem sie diesen transparent über die Erreichung der Organisationsziele und die wirkungsvolle Verwendung der Spendengelder unterrichtet. Damit soll eine Vertrauensbasis geschaffen werden, die über den Tod des Spenders hinausreicht. Gleichzeitig wird der potenzielle Legate-Spender den Umgang mit bereits gesprochenen Geldern innerhalb der Organisation genau verfolgen.

4.6.4 Distribution/Kontaktpotenzial

Auch hier zeigt sich wieder, dass die Legatsuche eine höchst sensible Angelegenheit darstellt. Sowohl Sargeant/Jay (2004, 15 f.) als auch Radcliffe (2005, o.S.) empfehlen primär den brieflichen Kontakt wie auch die Information in der Mitgliederzeitschrift oder einem allfälligen Newsletter.

a) Brieflicher Kontakt

Was den brieflichen Kontakt betrifft, empfiehlt Radcliffe, sich eine Situation vorzustellen, als würde man einen Brief an die älteste weibliche Familienangehörige schreiben. Der Brief sollte seiner Ansicht nach die Länge einer Seite nicht überschreiten und am unteren Rand mit einer persönlichen Unterschrift wie auch mit Coupon für die Anforderung weiterer Informationen versehen sein (vgl. Radcliffe 2005, o.S.). Im Brief sollte die Legate-Vision der Organisation zum Ausdruck kommen. Was die Adressaten einer solchen Legate-Botschaft betrifft, ist von einem Versand an «kalte Adressen» abzuraten. Es empfiehlt sich, einen solchen Brief nur an langjährige, treue Spender der Organisation zu versenden.

b) Mitgliederzeitschrift/Newsletter

Im Weiteren bieten sich insbesondere die Mitgliederzeitschrift oder der Newsletter als Kommunikationsmittel an. Hier lassen sich auch Fragen rund um das Thema «Testament/Legate» von Fachpersonen beantworten. Gleichzeitig bietet sich die Möglichkeit, über die Verwendung von Legaten zu berichten (vgl. hierzu auch nachstehende Ausführungen zur Broschüre).

c) Broschüre

Im gemeinnützigen oder karitativen Bereich verfügen heute die meisten Organisationen über Legate-Broschüren. Die entsprechenden Dokumentationen unterscheiden sich in ihrer Aufmachung teilweise sehr stark. Die Kommunikation der Legate-Botschaft wird durch die rechtlichen Tatbestände erschwert. Wie bereits erwähnt, müssen potenzielle Legatäre erst einmal auf die Notwendigkeit der Erstellung eines Testaments hingewiesen werden. Die Legate-Broschüre stellt deshalb gleichzeitig immer auch eine Testamentspromotion dar. Inhaltlich bestehen die meisten Broschüren aus den folgenden Elementen (vgl. hierzu auch Wise 2005, 59 ff.):

- *Einleitung:* Da es sich bei einem Legate-Versprechen um eine höchstprivate Angelegenheit handelt, empfiehlt sich in der Einleitung die Ansprache durch den Geschäftsführer, ein Vorstandsmitglied oder den Stiftungsratspräsidenten. Die Organisation sollte ein Gesicht erhalten und Glaubwürdigkeit ausstrahlen.

- *Porträt der Organisation:* Durch die Darstellung der Entstehungsgeschichte der Organisation wie auch der Mission und der wichtigsten Aufgabenbereiche soll das Sender-Image verstärkt und Glaubwürdigkeit geschaffen werden. Dem potenziellen Legate-Spender soll damit die Sicherheit vermittelt werden, dass die Organisation auch in Zukunft noch weiterexistieren wird.

- *Legate-Vision:* Auf die zentrale Bedeutung der Legate-Vision wurde bereits verwiesen. Die Aufgabe der Organisation besteht also darin, darzulegen, welche Rolle und Bedeutung sie zukünftig in der Problembewältigung einnehmen möchte und wieviel der Spender mit seinem Legat zur Verwirklichung dieser Vision beitragen kann. Gleichzeitig gilt es, den Nachweis zu erbringen, weshalb die Organisation auch in Zukunft auf private Unterstützung angewiesen sein wird und weshalb Legate zur zukünftigen Erreichung der Organisationsziele beitragen resp. unabdingbar sind.

- *Rechtliche Erläuterungen:* Wie viele rechtliche Ausführungen letztlich notwendig sind und nicht im Gegenteil zur Überforderung des potenziellen Spenders führen, lässt sich schwer beurteilen. In der Praxis zeigt sich jedoch, dass der Gang zum Anwalt für viele potenzielle Legate-Spender ein wesentliches Hindernis darstellt. Mit einer einfachen Darstellung eines handschriftlich verfassten Testaments gelingt es unter Umständen, diese Hürde herabzusetzen.

- *Verwendung von Fallbeispielen:* Radcliffe rät in diesem Zusammenhang von der Porträtierung von «legacy pledgers» wie auch von Prominenten ab. Die Ersten würden durch ihr «Gutmenschentum» eher abschreckend wirken, Letzteren fehle es an Glaubwürdigkeit in diesem Bereich. Seiner Ansicht nach eignen sich zur Legatspromotion insbesondere Mitarbeitende der Organisation mit einer hohen Glaubwürdigkeit (Direktor, Wissenschaftler, Helfer vor Ort), allenfalls Vorstände, Stiftungsräte (vgl. Radcliffe 2005, o.S.). Ein Fallbeispiel könnte auch in der Veranschaulichung der Art und Verwendung eines Legats bestehen. Allgemein – nicht nur auf das Legate-Marketing bezogen – liegt ein häufig anzutreffendes Problem bei der Darstellung älterer Menschen. Viele Testimonials bzw. Models werden entweder zu alt, zu klischeehaft und zu wirklichkeitsfern dargestellt, oder aber auch zu jung, zu dynamisch und zu makellos. Wie Studien zeigen, fühlen sich drei Viertel der in der Zielgruppe Befragten durch die Darstellung zu junger Models ausgegrenzt. Mit einer «allzu beschaulichen Inszenierung des Lebensabends» können sich die älteren Personen oft ebenfalls nicht identifizieren (vgl. Bovensiepen et al. 2006, 19).

- *Adressen von Anwälten im Bereich Testamentsberatung:* Es erscheint sinnvoll, dass die Organisation neben ihren eigenen Anlaufstellen ihren Mitgliedern oder Spendern eine Auswahl an Juristen und insbesondere auch Juristinnen anbietet, die diese im Bedarfsfall kontaktieren können.

- *Kontaktadresse:* Kontaktadresse der zuständigen Person, wenn möglich mit Bild.

Was die Gestaltung der Broschüre anbetrifft, plädiert Wise für eine farbenfrohe, lebensbejahende Gestaltung derselben. «Legacy leaflets should look and feel bright and breezy; they are not about death, they are about life» (Wise 2005, 61). Die Grundaussage von Gestaltung und Inhalt der Broschüre sollte darin bestehen, dass der potenzielle Spender mit seinem Legat über seinen Tod hinaus zu einer besseren Welt beiträgt.

Ansonsten ist insbesondere der Lesefreundlichkeit Beachtung zu schenken. Im Bereich des Legate-Marketing kommuniziert man oft mit älteren Bevölkerungsschichten. Kleine, unleserliche Schriftgrade sind deshalb unbedingt zu vermeiden (vgl. hierzu auch Humphries 1998, 107). Bildelemente, die sich bei normaler Sehkraft gut voneinander unterscheiden lassen, werden aus Alterssicht oftmals zum Verwechseln ähnlich. Im Verlauf des Lebens muss mit einem Verlust der Sehschärfe von bis zu 80 % gerechnet werden. Diese ist insbesondere für den Nahbereich gravierend. Studien zeigen, für 75 % der Menschen, die ihr 60. Lebensjahr vollendet haben, stellt die Lesbarkeit das wichtigste funktionale Kriterium eines Produktes dar, und 56 % ärgern sich über eine zu kleine Beschriftung. Was für den Produkteverkauf gilt, erhält im Bereich des Legate-Marketing noch eine grössere Bedeutung, kommunizieren wir doch fast ausschliesslich mit Personen über 60 Jahre. Neben der Schriftgrösse ist die Verständlichkeit der Sprache ein relevantes Kriterium der Kaufentscheidung.

Insbesondere bei den 60- bis 80-Jährigen herrscht beispielsweise ein überraschend niedriger Kenntnisstand der englischen Sprache. Diese Personen werden also oftmals mit Begriffen konfrontiert, die über ihr Basiswissen hinausgehen (vgl. Bovensiepen 2006, 23 f.)

d) Website

Die Website bietet sich in erster Linie als ergänzendes Kommunikationsinstrument an. Auf den Websites der meisten Organisationen in der Schweiz sind die entsprechenden Dokumente zum Download bereit. Auch hier empfiehlt es sich, die entsprechende Kontaktperson in der Organisation mit Bild und Adresse vorzustellen. Die aktuelle Zielgruppe der Menschen über 65 Jahre nutzt das Internet momentan noch unterdurchschnittlich. Das Internet als Kommunikationsmittel im Legate-Bereich dürfte jedoch in Zukunft mit der wachsenden Internetnutzung der Zielgruppe an Bedeutung gewinnen (vgl. hierzu auch Sargeant/Jay 2004, 21).

Einzelne Organisationen verzichten darauf, die Legate-Broschüre auf die Website zu stellen. Allfällige Interessenten werden aufgefordert, die Broschüre direkt bei der Organisation zu bestellen. Dies hat für die Organisation den Vorteil, dass sie mit den Interessenten in einen persönlichen Kontakt treten kann, dass sie potenzielle Legate-Spender mit Name und Adresse kennt und allenfalls speziell betreuen kann.

e) Werbung/Plakate/TV-Spot

Aufgrund der hohen Streuverluste sind Inserate in Zeitungen, Plakate oder TV-Spots unter Kosten-Nutzen-Aspekten für die einzelne Organisation tendenziell eher weniger zu empfehlen. Diese Kommunikationsinstrumente bieten sich allenfalls an, wenn die Organisation über einen hohen Anteil von «generic legators», d.h. Legate-Spendern ohne direkte Beziehung zur Organisation verfügt. Organisationen wie der WWF oder Greenpeace lancieren in der Schweiz bereits heute Inserate in Tages- und Wochenzeitschriften. Im Mitgliederverzeichnis des Schweizer Notarenverbands werben nicht weniger als 25 NPO (vgl. dazu Aschwanden 2005, o.S.). Die Wirksamkeit der Inserate im

Mitgliederverzeichnis dürfte denn auch eher bescheiden sein. Sähe man in den Notaren und Vermögensverwaltern eine wichtige Zielgruppe im Legate-Marketing, würde sich wohl eher die Etablierung eines direkten persönlichen Kontakts anbieten.

Eine allgemeine Testaments- oder Legatspromotion durch eine Dachorganisation wäre hingegen zu begrüssen. In Grossbritannien beteiligten sich 2005 über 110 NPO an der Kampagne «Remember a Charity». Das Ziel dieser Kampagne bestand darin, den prozentualen Anteil gemeinnütziger Verfügungen von 13 % auf 15 % zu erhöhen. Eine solche zweiprozentige Erhöhung würde eine beachtliche Ausweitung des Spendenvolumens um schätzungsweise weitere 180 Mio. £ bedeuten (vgl. hierzu ausführlich unter www. rememberacharity.org.uk).

f) Spezielle Anlässe

Im angelsächsischen Raum werden des Öftern auch spezielle Anlässe zu Legaten durchgeführt. In der Schweiz ist dies noch eher unüblich. Allenfalls könnte im Rahmen einer Jahres- oder Mitgliederversammlung auf das Legate-Thema näher eingegangen werden. Die Durchführung einer Informationsveranstaltung rund um das Thema «Testament» in Zusammenarbeit mit einer Anwaltskanzlei oder einem Unternehmen im Bereich der Vermögensverwaltung wäre zu prüfen.

g) Persönliche Kontaktaufnahme

In der Literatur wird bei der persönlichen Kontaktaufnahme immer wieder auf die Gefahr von falschen Versprechungen hingewiesen, d.h. der potenzielle Spender stellt ein Legat in Aussicht, dass sich nach seinem Tod als leeres Versprechen entpuppt (vgl. Sargeant/Jay 2004, 1; Radcliffe 2005, o.S.).

h) Leistungs-/Jahresbericht

Wann immer möglich, ist in sämtlichen Publikationen der Organisation auf die Legatspenden hinzuweisen. Im Zusammenhang mit dem Leistungsbericht empfiehlt Radcliffe die Schaffung eines verkürzten Leistungsberichts für potenzielle Legatspender (vgl. Radcliffe 2005, o.S.) – dies vor dem Hintergrund, dass potenzielle Legatspender noch zu Lebzeiten davon überzeugt werden müssen, dass die Organisation ihre finanziellen Mittel wirkungsvoll einsetzt. Dies setzt jedoch voraus, dass man die entsprechenden Zielgruppen innerhalb einer Organisation kennt. Aus Fundraising-Sicht bedeutsam erscheint in diesem Zusammenhang, dass die Organisation auch Kleinspender – zu denen spätere Legatspender oftmals zählen – über die erzielten Erfolge und die Verwendung der Mittel informiert. Hier bietet sich allenfalls eine Zweiteilung in einen umfangreichen Jahresbericht und in einen verkürzten Leistungsbericht für Spendende an. Heute ist es vielerorts üblich, dass nur Spender ab einem gewissen Betrag einen Leistungsbericht zugestellt bekommen. Der ausführliche Leistungsbericht ist dabei häufig wenig leserfreundlich und aus Fundraising-Sicht nicht ideal. Viele Spendende dürften mit dem ausführlichen Finanzteil überfordert sein.

Aus Fundraising-Sicht empfiehlt sich die Schaffung eines verkürzten, komprimierten Jahresberichts. Ein solcher könnte vier Seiten umfassen und wie folgt aufgebaut sein: Auf der ersten Seite würden die erzielten Erfolge resp. die wichtigsten Ergebnisse der Organisation im vergangenen Jahr vorgestellt. Auf der zweiten Seite könnte man dann einige Fallbeispiele skizzieren. Auf der dritten Seite würden ausgewählte finanzielle Kennziffern aufgelistet, und die letzte Seite wäre der Darstellung weiterer Unterstützungsmöglichkeiten vorbehalten. Den Spendern könnte auf einem Coupon die Möglichkeit geboten werden, bei Bedarf und Interesse weitere Unterlagen (ausführlicher Jahresbericht, Legate-Broschüre, Leitbild etc.) anzufordern.

Den Studien von Sargeant/Jay wie auch von Radcliffe zufolge bevorzugen potenzielle Legate-Spender die briefliche Kontaktaufnahme wie auch die Information in Mitglieder-/Organisationszeitschriften. Eine direkte persönliche Kontaktaufnahme mittels Telefonaten oder Besuchen wird von der Mehrheit der Befragten abgelehnt und als zu aufdringlich empfunden. Dies schliesst nicht aus, dass potenzielle Legate-Spender bei der Organisation unter Umständen um ein solch persönliches Gespräch nachfragen. Geht die entsprechende Initiative vom potenziellen Spender aus, ist dies natürlich der Idealfall.

4.6.5 People

Weil sich Dienstleistungsprozesse zwischen Menschen abspielen, wird im Marketing-Mix spezifisch auf das Instrument «People» hingewiesen. Wie bereits in den Ausführungen zur Legate-Politik gefordert wurde, sind alle Mitarbeitenden der Organisation für das Thema der Legate zu sensibilisieren. Alle Mitarbeitenden müssen jederzeit über Legate Bescheid wissen und Auskünfte erteilen können. Dies betrifft vor allem auch den Vorstand, d.h. Ehrenamtliche in Führungspositionen, aber auch die freiwilligen Helfer. Jedes Mitglied der Organisation muss die Ambassadoren-Rolle übernehmen können. In den Vereinigten Staaten werden für die Mitarbeitenden im Sinne des Internen Marketing Frage- und Antwort-Spiele entwickelt. Das heisst, die Mitarbeitenden werden darin trainiert, auf oft gestellte Fragen zu Legaten sinnvolle Antworten zu geben.

Auf der Seite der Dienstleistungsnehmer, nämlich der Destinatäre, empfehlen amerikanische Autoren so genannte «Donor Recognition Schemes». Dabei erhalten Destinatäre schon zu Lebzeiten eine Auszeichnung oder werden in «Ehrenbüchern» oder auch «Ehrentafeln» verewigt. Im deutschen Sprachraum ist man diesbezüglich eher zurückhaltender. Aber immer wieder wird auf den Kontakt von Mensch zu Mensch hingewiesen. Dies erfordert letztlich auch entsprechende Personalressourcen.

Neben den Menschen in der eigenen Organisation sind auch Zielgruppen in Vermittlerpositionen wichtig, wie Anwälte, Treuhandbüros und zum Teil auch Banken. Es erscheint sinnvoll, aus dem «Dunstkreis» der Organisation insbesondere Anwälte als eigentliche Legate-Promotoren für die Organisation zu gewinnen. Es braucht hier einen direkten Beziehungsaufbau. Breit gestreute Mailings an Anwälte sind meistens nutzlos. Für einen Anwalt kann es im Bedarfsfall nützlich sein, von einer kleinen Anzahl von Organisationen etwas detailliertere Unterlagen zu besitzen.

Verschiedene Banken bieten auch spezielle Anlagestrategiefonds an, welche Hilfswerke begünstigen. «Anleger mit Herz und Verstand» lautet der Slogan zu einem Anlagestrategiefonds der UBS. Das Konzept dahinter sieht vor, dass die jährlichen Zinseinkommen und Dividendenerträge einer gemeinnützigen Stiftung zugute kommen, während der erwirtschaftete Vermögenszuwachs an die Anleger geht. Der UBS-Fonds ist kein Einzelfall. Seit einigen Jahren bieten verschiedene Institutionen ähnliche Fonds an. Die Crédit Suisse (CS) hat die Idee der Verbindung von Spenden und Investieren noch einen Schritt weiterentwickelt. Seit kurzem bietet sie als erste Bank auf dem Schweizer Markt zwei strukturierte Produkte an, von deren Rendite ein Teil an eine gemeinnützige Stiftung fliesst (NZZ 16.11.2005).

4.6.6 Politics

Im Legate-Bereich sind die Instrumente auf der politischen Ebene primär im Steuerbereich zu suchen. Insbesondere Personen ohne Nachkommen liefern hohe Beträge in Form von Erbschaftssteuern an das Gemeinwesen ab. Auf die Verwendung dieser Gelder hat der Einzelne keinen Einfluss. Hingegen kann der Destinatär mit dem Legat bestimmen, was mit seinem Geld über den Tod hinaus geschehen soll. Darin besteht ein wesentlicher Vorteil des Legats. In diesem Sinne müssen die Verantwortlichen in der Organisation genau im Bilde sein, welche Steuerabzugsmöglichkeiten auf Ebene der Gemeinden, der Kantone und des Bundes existieren. Ist sich der Destinatär erst einmal bewusst, dass er Steuerbeträge in etwas Eigenbestimmtes und aus seiner Sicht «Positives» umwandeln kann, führen Steuerabzüge im Idealfall gar zu höheren Spenden zu Lebzeiten.

4.7 Organisation

Im Anschluss daran stellt sich die Frage, wie das Legate-Marketing organisatorisch in der NPO verankert werden soll. Wir haben festgehalten, dass das Legate-Marketing in einem übergeordneten Zusammenhang gesehen werden muss. Dies impliziert insbesondere auch eine Sensibilisierung der

Mitarbeitenden für dieses Thema. Im Weiteren kommt hinzu, dass sämtliche Dokumente laufend in Bezug auf das Legate-Marketing überprüft werden sollten. Mit anderen Worten: Es braucht ein «Gewissen» oder eine treibende Kraft für das Legate-Marketing in der eigenen Organisation.

Daneben fallen im Rahmen des Legate-Marketing viele weitere Tätigkeiten an, wie die Kontaktaufnahme zu Vermittlerpersonen, Kontaktaufbau zu potenziellen Destinatären usw. Wenn man das Legate-Marketing systematisch betreiben will, braucht es entsprechende Personalressourcen. Sinnvollerweise werden das Legate-Marketing und die Gross-Spendenbetreuung von der gleichen Person/Stelle betreut. Diese Person soll in der Fundraising-Abteilung verankert sein.

In der Praxis fällt es den Verantwortlichen oft nicht leicht, ausreichende finanzielle Mittel für den Aufbau der organisatorischen Voraussetzungen des Legate-Marketing zu erhalten. Radcliffe (1998a, 237) bemerkt, dass Vorstands-mitglieder oft zögern würden, in das Legate-Fundraising zu investieren, weil die Ergebnisse vielfach erst Jahre später, nach dem Rücktritt der Vorstandsmit-glieder, sichtbar würden. Es sei eben viel leichter, einen Vorstand zu über-zeugen, in eine kurzfristig wirksame Kampagne oder ein Event zu investieren, an welchem die Vorstandsmitglieder teilnehmen und teilhaben könnten. Hier schimmert ein generelles Problem des NPO-Management durch: Eine kurz-fristige Sichtweise der nur befristet Gewählten führt dazu, dass die strategischen und langfristigen Ziele eher vernachlässigt werden.

5   Schlussbetrachtung

Der Wettbewerb im Bereich der privaten Mittelbeschaffung hat sich in den vergangenen Jahren merklich verschärft. Neben den etablierten Organisationen im sozialen und karitativen Bereich drängen neue Akteure wie ehemals staatliche Organisationen, Bildungsinstitutionen oder kulturelle Organisationen auf den Markt. So haben beispielsweise Universitäten, aber auch Museen ihre Fundraising-Aktivitäten in den letzten Jahren enorm verstärkt. Im Weiteren wurden in den vergangenen Jahren vermehrt auch internationale Organisationen auf dem Schweizer Spendenmarkt aktiv und versuchen, sich einen Anteil am lukrativen Schweizer Spendenmarkt zu sichern. Hinzu kommt, dass das Spendenvolumen starken Schwankungen unterworfen ist. Denn das Spendenaufkommen wird insbesondere durch Katastrophen sowie die wirtschaftliche Konjunktur massgeblich beeinträchtigt.

Im Unterschied zu den Einnahmen aus Sammlungsaktionen haben sich die Einnahmen aus Legaten in den vergangenen Jahren positiv entwickelt und sind inzwischen für soziale und soziokulturelle NPO zu einem unerlässlichen Finanzierungsinstrument geworden. Der Begriff des Legats umfasst dabei jegliche Art der Begünstigung von Todes wegen an eine gemeinnützige Organisation, grundsätzlich unabhängig von ihrer rechtlichen Form (Erbteile, Vermächtnisse, Stiftungserrichtungen etc.).

In Grossbritannien betrugen die Einnahmen aus Legaten im Jahre 2002 rund 1,3 Milliarden Pfund. Dies entspricht einer Zunahme von 18 % im Vergleich zum Jahr 2000. Wenn man davon ausgeht, dass in der Schweiz jährlich rund 30 Milliarden Franken vererbt werden, so machen die Legate an gemeinnützige Organisationen bei einem Betrag von schätzungsweise rund 200 Millionen bisher nur 0,67 % aus. Im Vergleich mit den angelsächsischen Ländern besteht hier also noch immer ein grosses Wachstumspotenzial, zumal die Menschen immer älter werden und die Nachkommen bei einer allfälligen Erbschaft – inzwischen ebenfalls im Alter zwischen 50 und 60 Jahren – finanziell bereits ausreichend versorgt sind. Dies ist insofern von Bedeutung, als gemäss

Schmugge/Bauer der grösste Teil der Erbschaften an die Kinder weitergegeben wird. Erbschaften spielen sich also primär in Familienkategorien ab. Befragungen in den Vereinigten Staaten zeigen, dass die Wahrscheinlichkeit, ein Legat an eine gemeinnützige Organisation zu hinterlassen, steigt, wenn die eigene Familie ausreichend vorgesorgt oder wenn die entsprechende Person keine Kinder hat.

Sei Beginn der 1990er Jahre sind führende Nonprofit-Organisationen auch hierzulande nach etwelchen Widerständen – nicht zuletzt innerhalb der eigenen Institution – zu einer aktiven Legatspolitik übergegangen. Bei der Legatsuche handelt es sich um ein höchst komplexes Unterfangen, das hohe Anforderungen an die Verantwortlichen in den gemeinnützigen Organisationen stellt – zum einen weil bei der Legatsuche zahlreiche rechtliche Aspekte tangiert werden, zum andern weil die Kommunikation der Legate-Botschaft anspruchsvoll ist und auch ethische Aspekte berücksichtigt werden müssen. Noch immer verfolgen nur wenige Organisationen eine pro-aktive Legate-Politik. Als weitere Schwierigkeit erweisen sich insbesondere die rechtlichen Aspekte. So sind Legate zwingend an die Existenz eines Testaments oder eines Erbvertrags gebunden. Wo kein Testament vorhanden ist, fällt auch kein Legat an. Gemäss Umfragen des GfS-Forschungsinstituts aus dem Jahr 1998 hat in der Schweiz nur etwas mehr als ein Viertel der Befragten ein Testament verfasst, in Grossbritannien beträgt dieser Wert zum Vergleich rund 36 %.

Vor dem Hintergrund eines hart umkämpften Spendenmarktes sind die Einnahmen aus Legaten für viele Organisationen – weitgehend verborgen vor dem Blickfeld der Öffentlichkeit – zu einem unerlässlichen Finanzierungsinstrument geworden. Im Unterschied zu Geldsammlungsaktionen verursacht eine professionelle Legatsuche eher tiefe Beschaffungskosten. Dies wiederum bedeutet, dass ein vergleichsweise grösserer Anteil der Einnahmen direkt in die gemeinnützige Tätigkeit fliessen kann. Schliesslich bieten Legate Spendern die Möglichkeit, über ihren Tod hinaus Gutes zu bewirken und die Organisation ihrer Wahl zu unterstützen, ohne dass sie sich zu Lebzeiten in materieller Hinsicht einschränken müssten.

Eine Sensibilisierung der Öffentlichkeit über den Sinn und die Notwendigkeit von Legaten erscheint dringend notwendig und wird – wie Befragungen in den Vereinigten Staaten zeigen – von den Spendern auch gewünscht. Die vorliegende Publikation soll denn auch einen Beitrag zur öffentlichen Diskussion rund um das Legate-Marketing leisten.

Glossar

Erben	Das Gesetz unterscheidet zwar zwischen gesetzlichen und eingesetzten (gewillkürten, d.h. nach freiem Willen erkorenen) Erben. Unter den gesetzlichen Erben schliessen die nächstverwandten die entfernteren aus.
Erben-gemeinschaft	Die Erbengemeinschaft ist die Gesamtheit aller gesetzlichen und aller eingesetzten Erben. Die Erbengemeinschaft wird im Augenblick des Ablebens des Erblassers (gemeinsam) Eigentümerin des Nachlasses und bleibt dies bis zur Erbteilung. Für ihre Beschlüsse gilt das Einstimmigkeitsprinzip.
Erbfolge	Das Gesetz sieht vor, wer an die Stelle eines Verstorbenen tritt, wenn dieser nichts anderes angeordnet hat. Diese gesetzliche Erbfolge ordnet die Blutsverwandten in Parentelen: Nachkommen des Verstorbenen (1. Parentel), seine Eltern und deren Nachkommen (2.), Grosseltern (3.), in Deutschland und Österreich auch Urgrosseltern (4.), und innerhalb der Parentelen nach Stämmen. Der Ehegatte geniesst neben den Blutsverwandten immer eine Vorzugsstellung. Andere Verschwägerte (Eingeheiratete) haben kein gesetzliches Erbrecht. Zuletzt in der gesetzlichen Erbfolge erscheint der Staat, welcher dafür sorgt, dass im Erbgang nicht herrenloses Gut entsteht bzw. nicht Rechte und Pflichten ohne Träger untergehen.
Erbteil	Bruchteil oder Prozentsatz des gesamten Nachlasses, der einem Erben zusteht. Erbteile können sich also von der Testamentserrichtung bis zum Erbfall noch verändern und bei Überschuldung der Erbschaft einen Anteil Schulden umfassen. Die Erbteile sind in Geld umgerechnete Wertquoten. Erst bei der Erbteilung werden die Erbteile wieder mit den einzelnen Bestandteilen des Nachlasses «aufgefüllt».

Erbvertrag	Im Erbvertrag wird zwischen Parteien freiwillig und verbindlich über erbrechtliche Ansprüche verfügt. Wegen seiner späten und nachhaltigen Tragweite muss er öffentlich (d.h. notariell) beurkundet werden. In Erbverträgen wird meist eine lebzeitige Leistung anstelle (Erbauskaufsvertrag) eines Erbteils oder eines Vermächtnisses vereinbart oder (mit oder ohne Gegenleistung, evtl. zu Gunsten eines anderen Erben) darauf verzichtet (Erbverzichtsvertrag).
Formvorschriften	Das Erbrecht kennt strenge Formvorschriften, um die Beteiligten auf die späte und nachhaltige Tragweite ihrer Entschlüsse aufmerksam zu machen, aber auch im Hinblick auf förmliche Beweisstücke für behördliches Handeln, wie die Änderung öffentlicher Register.
Fortgesetzte Erbengemeinschaft	Die Erbengemeinschaft kann den Nachlass über längere Zeit gemeinsam bewirtschaften, d.h. die Erbteilung aufschieben und z.B. Abweichungen vom Einstimmigkeitsprinzip beschliessen. Am häufigsten wird ein solches solidarisches Zusammenarbeitsverhältnis etwa beschränkt auf eine Liegenschaft oder einen Gewerbebetrieb vereinbart. Jeder Erbe kann jederzeit die Auflösung der Fortgesetzten Erbengemeinschaft verlangen bzw. sich auszahlen lassen, wenn die Übrigen die Gemeinschaft fortsetzen wollen.
Legat	Der rechtliche Begriff des Legats ist deckungsgleich mit demjenigen des Vermächtnisses (siehe dort). Wo von Vermächtnissen im (engeren) Rechtssinn (franz. légat; ital.: legato) die Rede ist, wird hier ausschliesslich das Wort «Vermächtnis» verwendet. Der Ausdruck wird im allgemeinen Sprachgebrauch aber auch unterschiedslos als Oberbegriff für alle Arten und Formen von Begünstigungen auf den Todesfall (Erbteil, Vermächtnis, Kodizill, Erbvertrag) verwendet. Da (alternativ zu «Legat» im weiteren Sinne) ein anderes, korrektes Wort zum Oberbegriff für alle letztwilligen Begünstigungen fehlt, wird hier «Legat» im weiteren Sinne, als Oberbegriff im allgemeinen Sprachgebrauches verwendet.

Nachlass	Auch «Erbmasse» genannt: Nettovermögen eines Verstorbenen, einschliesslich aller beim Erbfall bestehenden Forderungen des Erblassers, abzüglich erbrechtlicher Ansprüche des überlebenden Ehegatten, Forderungen Dritter sowie der Todesfallkosten. Leistungen aus Todesfallversicherung gehören nicht zum Nachlass, sondern fallen ausserhalb der Erbteilung dem im Versicherungsvertrag Begünstigten zu.
Pflichtteil	Jener Teil am gesetzlichen Erbteil, welcher dem Berechtigten nicht gegen seinen Willen entzogen werden kann, ausser wenn er verbrecherisch auf Erblasser oder Erbgang eingewirkt hat. Die Verletzung von Pflichtteilen macht das Testament darum nicht ungültig, sondern nur anfechtbar. Mit Pflichtteilen geschützt werden diejenigen nächsten Verwandten und der Ehegatte, welche einander familienrechtlich unterstützungspflichtig sind.
Testament	Auch «letzter Wille» genannte Niederschrift der Anordnungen, wer nach dem Erlöschen der eigenen Rechtspersönlichkeit als Nachfolger in die Rechte und Pflichten eintreten soll. Mit dem Testament wird die Erbfolge, welche das Gesetz vorsieht für den Fall, dass keine Anordnungen getroffen werden, ergänzt und/oder ersetzt. Gleichgeschlechtliche Lebenspartner sind erbrechtlich in Deutschland und in der Schweiz den Ehepaaren gleichgestellt, wenn sie amtlich als solche registriert sind.
Vermächtnis	Konkreter, definierter oder definierbarer Vermögensgegenstand (Wert), der einem bestimmten Berechtigten zu Eigentum vermacht wird. Es handelt sich etwa um einen fixen Geldbetrag, eine Sache (wie ein Bild oder eine Liegenschaft) oder Sachgesamtheit (Sammlung), ein Konto oder eine Forderung. Der Vermächtnisnehmer partizipiert nicht wie der Erbe am Gesamtnachlass, sondern hat einen Anspruch gegen die Erbengemeinschaft.

Literaturverzeichnis

Abdy, M./Farmelo, C., The 2004 legacy market audit: recent trends in legacies, in: International Journal of Nonprofit and Voluntary Sector Marketing, Vol. 10, No. 1, 2005, S. 17-32.

Amacher, C., Tut Gutes, wir tun es auch, in: NZZ Folio, Nr. 11, November 2003, S. 56-61.

Anheier, H. K., Der Dritte Sektor in Zeiten des gesellschaftlichen Umbruchs, in: Verbands-Management, 29. Jg., 1/2003, S. 38-47.

Anheier, H. K./Cunningham, K., Internationalization of the Nonprofit Sector, in: Ott, S. J. (ed.), Understanding Nonprofit Organizations, Boulder 2001, S. 382-390.

Aschwanden, E., Hilfswerke und Stiftungen erben eine Milliarde, in: NZZ am Sonntag, Ausgabe vom 25. Dezember 2005, o.S.

BASS Büro für arbeits- und sozialpolitische Studien (Hrsg.), Testamente und Vererbungsmuster, Unveröffentlichtes Papier, Bern 2005, S. 101-110.

Bauer, T./Schmugge, S., Ein einig Volk von ungleichen Erben: Ergebnisse aus einem Nationalfondsprojekt, in: Neue Zürcher Zeitung, Ausgabe vom 10. Februar 2005, S. 15 (2005a).

Bauer, T./Schmugge, S., Erben in der Schweiz, Büro für arbeits- und sozialpolitische Studien BASS, Bern 2005 (2005b).

Beccarelli, C., Finanzierung von Museen: Theorie und Anwendung am Beispiel der Schweizer Museumslandschaft, Haupt: Bern Stuttgart Wien 2005.

Blümle, E.-B./Schauer, R., Wie viel Organisationskapital brauchen NPO?, in: Verbands-Management, 30. Jg., 1/2004, S. 38-41.

Bolanz, M./ Reinhart, M. Erben und Schenken – steueroptimiert, mit Weitblick und System: Die richtige Planung von Erbschaften und Schenkungen, 2. Auflage, VZ Ratgeber, VZ VermögensZentrum, Zürich 1999.

Bovensiepen, G./Fobbe, K./Kruthoff, K./Rumpff, S./Schögel, M./Wulff, C., Generation 55+ – Chancen für Handel und Konsumgüterindustrie, Studie hrsg. von Pricewaterhouse Coopers, Institut für Handel und Marketing, Universität St. Gallen, Düsseldorf 2006.

Breitschmid, P./Künzle, H.R./Giesinger, L./Hörnig, M./Krug, W./Stade, S.: Grenzenloses Erbrecht – Grenzen des Erbrechts, DACH-Schriftenreihe, Köln, Zürich 2004.

Bumbacher, U., Die Internationalisierung von NPO: Erste Erkenntnisse einer empirischen Untersuchung, in: Witt, D./Purtschert, R./Schauer, R. (Hrsg.), Funktionen und Leistungen von NPO, Wiesbaden 2004, S. 99-114.

Bundesamt für Statistik (Hrsg.), Alter und Generationen: Das Leben in der Schweiz ab 50 Jahren, Bern 2005.

Chang, C. F./Tuckman, H. P., Why Do Nonprofit Managers Accumulate Surpluses, and How Much Do They Accumulate, in: Nonprofit Management and Leadership, Vol. 1, No. 2, 1990, S. 117-135.

Dauncey, T., The UK's Legacy Promotion Campaign: a review after nearly two years of public influence, in: International Journal of Nonprofit and Voluntary Sector Marketing, Vol. 10, No. 1, 2005, S. 53-58.

Dees, G. J., Enterprising Nonprofits, in: Harvard Business Review, January-February, 1998, S. 55-67.

Deutsche Bank Research (Hrsg.), Auf dem Prüfstand der Senioren: Alternde Kunden fordern Unternehmen auf allen Ebenen, Frankfurt am Main 2003.

Dove, K./Spears, A./Herbert, T., Conducting a successful major gifts & planned giving program, San Francisco 2002, S. 14-15, 89, 102.

Druey N./Breitschmid P. (Hrsg.): Güter- und erbrechtliche Planung, St. Galler Studien zum Privat-, Handels- und Wirtschaftsrecht, Haupt: Bern Stuttgart Wien 1999.

Fäh, B./Notter, T.: Die Erbschaft für eine gute Sache: Ein Handbuch für Fundraiser auf Legatsuche, Haupt: Bern Stuttgart Wien Haupt 2000

Fischer, M./Thomas, H.: Ernstfall Erbfall, Das Lexikon zum Erben und Vererben. Meyers Lexikonverlag, Bibliographisches Institut F. A. Brockhaus, München 1999.

Frick, K., Generation Gold: Wie sich Werte, Wünsche und Lebensstile zwischen 50 und 80 verändern, GDI Studie 18, Gottlieb Duttweiler Institut, Rüschlikon 2005.

Helmig, B./Purtschert, R. (Hrsg.), Nonprofit-Management, Wiesbaden 2005.

Helmig, B./Purtschert, R./Beccarelli, C., Nonprofit But Management, in: Helmig, B./Purtschert, R. (Hrsg.), Nonprofit-Management, Wiesbaden 2005, S. 1-20.

Humphries, D., Getting your message across through direct marketing, printed and audio-visual communications, in: Wilberforce, S. (Hrsg.), Legacy fundraising, 1st edition, London 1998, S. 95-110.

Jonas, E./Niesta, D., Terror Management Theorie im philantropischen Sektor, in: Verbands-Management, 30. Jg., 2/2004, S. 14-27.

Krummenacher, J., Caritas Schweiz – Ein Generalunternehmen der Solidarität, in: Helmig, B./Purtschert, R. (Hrsg.), Nonprofit-Management, Wiesbaden 2005, S. 215.

Lasswell, H. D., The Structure and Function of Communication in Society, in: Berelson, B./Janowitz, M. (Hrsg.), Reader in Public Opinion Communication, 2nd Edition, New York London 1967, S. 178-192.

One marketing services AG (Hrsg.): Legate Marketing, Unveröffentlichte Studie, Zürich 2006.

Pidgeon, S., Legacy fundraising, in: International Journal of Nonprofit and Voluntary Sector Marketing, Vol. 10, No. 1, 2005, S. 1-2.

Purtschert, R. / Schwarz, P.: Planung im Fundraising, Ein analytisch systematischer Marketingansatz, in: Die Unternehmung, 48. Jg., Nr. 2, 1994. S. 133 – 148.

Purtschert, R., Grabspenden – Fundraising-Instrument mit Potenzial, in: Verbands-Management, 30. Jg., 2/2004, S. 28-37.

Purtschert, R., Marketing für Verbände und weitere Nonprofit-Organisationen, 2. Auflage, Haupt: Bern Stuttgart Wien 2005.

Purtschert, R., Befragung zum Legate-Marketing: Zusammenfassung der wichtigsten Erkenntnisse,Unveröffentlichte Studie des Verbandsmanagement Instituts, Fribourg 2006.

Purtschert, R.,/Schwarz, P./Helmig, B./Schauer, R./Haid, A., Das NPO-Glossar, Haupt: Bern Stuttgart Wien 2005.

Radcliffe, R., Bringing legacy marketing to life, in: International Journal of Nonprofit and Voluntary Sector Marketing, Vol. 3, No. 3, 1998, S. 231-238 (1998a).

Radcliffe, R., Introduction: What is legacy fundraising?, in: Wilberforce, S. (Hrsg.), Legacy fundraising, 1st edition, London 1998, S. 13-20 (1998b).

Radcliffe, R., Including legacies in your fundraising strategy, in: Wilberforce, S. (Hrsg.), Legacy fundraising, 1st edition, London 1998, S. 38-48 (1998c)

Radcliffe, R., Budget for, and evaluating, legacy fundraising campaigns, in: Wilberforce, S. (Hrsg.), Legacy fundraising, 1st edition, London 1998, S. 49-52 (1998d).

Radcliffe, R., How do you persuade people to leave a legacy to charity?, in: Wilberforce, S. (Hrsg.), Legacy fundraising, 1st edition, London 1998, S. 53-56 (1998e).

Radcliffe, R., What will be the impact on future legacy campaigns of changing demographic, economic, cultural and religious trends?, in: International Journal of Nonprofit and Voluntary Sector Marketing, Vol. 5, No. 3, 2000, S. 260-267.

Radcliffe, R., Top 10 tips to great legacy fundraising, Referat International Fundraising Congress, Amsterdam, 18.-21. Oktober 2005.

Richardson, D./Chapman, G., What some recent research tells us about planned giving (legacy marketing) in North America, in: International Journal of Nonprofit and Voluntary Sector Marketing, Vol. 10, No. 1, 2005, S. 33-42.

Rodd, J., Legacy profiling, in: Wilberforce, S. (Hrsg.), Legacy fundraising, 1st edition, London 1998, S. 60-70 (1998a).

Rodd, J., Using data analysis in strategic legacy marketing, in: International Journal of Nonprofit and Voluntary Sector Marketing, Vol. 3, No. 1, 1998, S. 71-87 (1998b).

Ryan, W. P., The New Landscape for Nonprofits, in: Harvard Business Review, January-February 1999, S. 127-136.

Salamon, L. M./Anheier, H. K., Der Nonprofit-Sektor im internationalen Vergleich: Ein theoretischer Versuch, in: Schauer, R./Anheier, H. K./Blümle E.-B. (Hrsg.), Der Nonprofit-Sektor im Aufwind – Zur wachsenden Bedeutung von Nonprofit-Organisationen auf nationaler und internationaler Ebene, Linz 1997, S. 13-56.

Salamon, L./Anheier, H. K./List, R./Toepler, S./Sokolowski, W., Global Civil Society: Dimensions of the Nonprofit Sector, Baltimore 1999.

Sargeant, A./Jay, E., The Efficacy of Legacy Communications, April 2003, www.charityfundraising.org, 20.07.2005.

Sargeant, A./Jay, E., Fundraising Management: Analysis, Planning and Practice, London New York 2004.

Sargeant, A./Hilton, T., The final gift: targeting the potential charity legator, in: International Journal of Nonprofit and Voluntary Sector Marketing, Vol. 10, No. 1, 2005, S. 3-16.

Seibel, W., Das Spannungsfeld zwischen «Mission» und «Ökonomie» im Nonprofit-Sektor – Eine organisationstheoretische Einordnung, in: Schauer,R./ Purtschert, R./Witt, D. (Hrsg.), Nonprofit-Organisationen und gesellschaftliche

Entwicklung: Spannungsfeld zwischen Mission und Ökonomie, Linz 2002, S. 15-38.

Scharnagel, B., Internationale Nichtregierungsorganisationen und die Bereitstellung globaler öffentlicher Güter, Frankfurt a.M.u.a.O. 2003.

Schneider, M., Perlen vor die Säulen, in: Weltwoche, 1/2006, www.weltwoche.ch, 17.01.2006.

Schwarz, P.,/Purtschert, R./Giroud, C./Schauer, R., Das Freiburger Management-Modell für NPO, 5. Auflage, Haupt: Bern Stuttgart Wien 2005.

Schweizer Berghilfe (Hrsg.), Die Schweizer Berghilfe im Jahr 2004, Adliswil 2005.

Smith, T., Why seek legacies?, in: Wilberforce, S. (Hrsg.), Legacy fundraising, 1st edition, London 1998, S. 22-30.

Süss, R./Haas, U.: Erbrecht in Europa, zerb verlag, Angelbachtal 2004.

Swissaid (Hrsg.), Der Swissaid-Fonds für die Zukunft, Bern o.J.

Tvedt, T., Development NGO's: Actors in a Global Civil Society or in a New International Social System?, in: Voluntas, Vol. 13, No. 4, December 2002, 363-375.

Urselmann, M., Fundraising: Erfolgreiche Strategien führender Nonprofit-Organisationen, 3. Auflage, Haupt: Bern Stuttgart Wien 2002.

Verbandsmanagement Institut VMI (Hrsg.), Grabspenden 1995, Fribourg 1995.

Verbandsmanagement Institut VMI (Hrsg.), Grabspenden 2003, Fribourg 2003.

Wanner, P./Forney, Y., Die Demografische Alterung in Zeit und Raum, in: Bundesamt für Statistik (Hrsg.), Alter und Generationen: Das Leben in der Schweiz ab 50 Jahren, Bern 2005, S. 11-34.

Weisbrod, B. (Hrsg.), To Profit or Not to Profit: The Commercial Transformation of the Nonprofit Sector, Cambridge 1998 (1998a).

Weisbrod, B., The nonprofit mission and its financing: Growing links between nonprofits and the rest of the economy, in: Weisbrod, B. (Hrsg.), To Profit or Not to Profit: The Commercial Transformation of the Nonprofit Sector, Cambridge 1998, S. 1-24 (1998b).

White, D, The art of planned giving, Understanding Donors and the Cultur of Giving, New York, 1995, S. 102

Wilberforce, S. (Hrsg.), Legacy fundraising, Kent 1998 (1998a).

Wilberforce, S., Ethical Issues, in: Wilberforce, S. (Hrsg.), Legacy fundraising, 1st edition, London 1998, S. 53-56 (1998b).

Wilberforce, S., Telephone contact, in: Wilberforce, S. (Hrsg.), Legacy fundraising, 1st edition, London 1998, S. 111-123 (1998c).

Wilberforce, S., Face-to-Face contact, in: Wilberforce, S. (Hrsg.), Legacy fundraising, 1st edition, London 1998, S. 125-135 (1998d).

Wise, P., Legacy fundraising: a practical guide to the basics, in: International Journal of Nonprofit and Voluntary Sector Marketing, Vol. 10, No. 1, 2005, S. 59-63.

Wunderink, S. R., The economics of consumers' gift and legacies to charitable organisations, in: International Journal of Nonprofit and Voluntary Sector Marketing, Vol. 5, No. 3, 1999, S. 268-287.

ZEWO (Hrsg.), Die ZEWO Spendenstatistik 2002, Zürich 2003.

ZEWO (Hrsg.), ZEWO Statistik 2003, Medienmitteilung vom 16.12.2004 Zürich.

ZEWO (Hrsg.), ZEWO Statistik, ZEWO Organisationen wachsen, Zürich 2005.

Zoo Basel (Hrsg.), Jahresbericht 2004, Basel 2005.

Die Autoren

Prof. Dr. Robert Purtschert/robert.purtschert@vmi.ch

Prof. Dr.rer.pol., lic.oec. HSG, Mitbegründer und Direktor des Instituts für Verbands- und Genossenschaftsmanagement (VMI) an der Universität Freiburg/CH. Mitautor des Freiburger Management-Modells für Nonprofit-Organisationen. Extraordinarius für Betriebswirtschaftslehre an der Universität Freiburg/CH. 10 Jahre in leitender Stellung in der Privatwirtschaft tätig. Spezielle Interessengebiete: NPO-Marketing, Werbelehre und Fundraising.

Dr. Claudio Beccarelli/ beccarelli@onemarketing.com

Studium der Wirtschafts- und Sozialwissenschaften an der Universität Freiburg/CH (1997-2001; lic.rer.pol.). Wissenschaftlicher Mitarbeiter und Doktorand am Verbandsmanagement Institut (VMI) der Universität Freiburg/CH (2001-2005; Dr.rer.pol.). Forschungsaufenthalte am Centre for Civil Society der London School of Economics (LSE) und an der Law University of Vilnius. Seit 2005 Projektleiter im Bereich Marketing und Fundraising von Nonprofit-Organisationen bei one marketing services AG in Zürich.

lic.iur., Fürsprech und Notar Thomas B. Notter/ thomasnotter@tiscali.ch

Juristische Studien an den Universitäten Genf und Bern. Abschluss lic.iur. Erwerb des Patents eines Fürsprechs und Notars. Verschiedene Kaderpositionen in der öffentlichen Verwaltung und in Dienstleistungsunternehmen, zuletzt Geschäftsführer des Schweizer Tierschutz STS. Heute selbständiger Anwalt.

Robert Purtschert

Marketing für Verbände und weitere Nonprofit-Organisationen

2., ergänzte und aktualisierte Auflage 2005.
XXVI + 526 Seiten, 127 Abbildungen,
Fadenheftung/Pappband
CHF 68.– / € 45.–
ISBN 3-258-06913-1

Auf der Basis einer Einführung ins Business- oder Profit-Marketing und einer Darstellung der besonderen Merkmale von Verbänden und weiteren Nonprofit-Organisationen (NPO) erarbeitet Robert Purtschert systematisch die Grundlagen des NPO-Marketing. In zwei vertiefenden Kapiteln entwickelt er ein Standard-Marketing-Konzept für NPO, einschliesslich Positionierung einer Organisation und Vorstellung der einzelnen Einsatzfelder von Marketing, und beschreibt, wie die operative Marketing-Planung in einer NPO vor sich geht. Anschliessend werden einige Bereiche im Detail ausgeführt, die für das NPO-Marketing spezifische Bedeutung haben: Mitglieder-Marketing, Fundraising, Internes Marketing, Dienstleistungs-Marketing, Öffentlichkeitsarbeit, Lobbying, Collective Bargaining und kooperative Werbung.

Im Aufbau folgt dieses praxisbezogene Lehrbuch dem Freiburger Management-Modell für NPO, dessen Grundsätze es für den Marketing-Bereich ausformuliert.

¦ Haupt   **Haupt Verlag** Bern · Stuttgart · Wien
verlag@haupt.ch · www.haupt.ch

Peter Schwarz / Robert Purtschert / Charles Giroud /
Reinbert Schauer

Das Freiburger Management-Modell für Nonprofit-Organisationen

5., ergänzte und aktualisierte Auflage 2005.
298 Seiten, 77 Abbildungen, gebunden
CHF 52.– / € 34.50
ISBN 3-258-06914-X

Nonprofit but Management – diese Kurzformel umschreibt das Anliegen dieses Buches.

Nonprofit-Organisationen entstehen, weil Markt wie Staat versagen können, weil Bedürfnisse des Menschen nach sozialer Integration, nach politischer, kultureller, karitativer und ähnlichen Betätigungen bestehen, die nur in solchen Organisationen befriedigt werden können. Dazu zählen Wirtschafts- und Arbeitnehmer-Verbände, Kammern, Genossenschaften, Stiftungen, Vereine, Kirchen, Parteien, soziale Dienstleistungsunternehmen (Einrichtungen, Heime, Beratungsdienste) sowie philanthropische, kulturelle und Freizeit-Organisationen.

Um das Grundanliegen zu erfüllen, nämlich den Bedürfnissen der Mitglieder und Klienten optimal zu genügen, müssen Nonprofit-Organisationen ein effizientes Management betreiben oder sogar nach Management Excellence streben. Das «Freiburger Management-Modell für NPO» (Universität Freiburg, Schweiz) bietet eine systematische Einführung in dieses Thema. Es vermittelt durch seinen ganzheitlichen Ansatz die Grundlagen und einen Ordnungsraster für das Verständnis der NPO-Management-Probleme und ihrer Lösungen.

Die vorliegende 5. Auflage dieser Modell-Beschreibung wurde in wesentlichen Teilen um Erkenntnisse aus Theorie und Praxis ergänzt und gibt damit den aktualisierten Stand der NPO-Management-Forschung wieder.

: Haupt   **Haupt Verlag** Bern · Stuttgart · Wien
verlag@haupt.ch · www.haupt.ch

Robert Purtschert (Hrsg.)

Das Genossenschafts- wesen in der Schweiz

2005. VIII + 339 Seiten, 18 Abb., 22 Tab., gebunden
CHF 68.– / € 45.–
ISBN 3-258-06917-4

In der Schweiz ist die Zahl der Genossenschaften rückläufig, weil ältere Genossenschaften fusionieren oder ihre Rechtsform ändern und es gleichzeitig immer weniger Neugründungen gibt.

Dafür hat dieser Unternehmenstypus – vor allem dank florierender Mittel- und Grossgenossenschaften – in der Schweiz viel mehr wirtschaftliches Gewicht als irgendwo sonst in Europa.

Eine Genossenschaft (also ein «Unternehmen mit Vereinscharakter») ist ungleich schwerer zu führen als eine reine Kapitalgesellschaft. Bei der Lösung klassischer ökonomischer Aufgaben ist die Genossenschaft der Kapitalgesellschaft deshalb auch klar unterlegen. Wenn es hingegen darum geht, Probleme zu lösen, die ein Mitbestimmen oder Mittragen der Verantwortung durch die Kunden oder Mitglieder erfordern, erweist sich die genossenschaftliche Rechtsform nach wie vor als sinnvolles Vehikel.

Diese Publikation erörtert die Hintergründe der geschilderten Entwicklung, es werden daraus Handlungsalternativen abgeleitet und mögliche zukünftige Handlungsfelder für Genossenschaften skizziert.

Haupt **Haupt Verlag** Bern • Stuttgart • Wien
verlag@haupt.ch • www.haupt.ch

Peter Schwarz

Organisation in Nonprofit-Organisationen

Grundlagen, Strukturen

2005. 397 Seiten, 66 Abbildungen, gebunden
CHF 68.– / € 45.–
ISBN 3-258-06885-2

In diesem Handbuch für ehren- und hauptamtliche Führungskräfte von Nonprofit-Organisationen geht es um Funktion und Rolle der Aufbau-Organisation im Freiburger Management-Modell für Nonprofit-Organisationen.

Das Schwergewicht der Darstellung liegt auf einer minutiösen Beschreibung und Analyse der vielfältigen Strukturen einer Nonprofit-Organisation (NPO). Gestaltungsprobleme und mögliche Lösungen werden mit Hilfe von Modellen, Heuristiken, Empfehlungen und Entscheidungskriterien erörtert – in einer Form, die sich leicht auf konkrete Fragen des NPO-Alltags übertragen lässt.

Besonders vertieft wird die brandaktuelle Thematik der Nonprofit-Governance in NPO.

Das Buch stützt sich auf das bisherige Standardwerk des Autors «Management in Nonprofit-Organisationen». Es aktualisiert, vertieft und ergänzt einen Teil der Inhalte. Alle übrigen Aspekte werden im Folgeband unter dem Titel «Management-Prozesse und -Systeme in NPO: Entscheidung, Steuerung, Planung» behandelt.

⋮ Haupt   **Haupt Verlag** Bern • Stuttgart • Wien
verlag@haupt.ch • www.haupt.ch

Peter Schwarz

Management-Prozesse und -Systeme in Non-profit-Organisationen

Entscheidung, Steuerung/Planung, Kontrolle

2006. 439 Seiten, 116 Abb., gebunden
CHF 68.– / € 45.–
ISBN 3-258-06901-8

Dieser Vertiefungsband zum Freiburger Management-Modell für Nonprofit-Organisationen entwickelt eine bis in Einzelheiten aufgefächerte Verfahrenslehre für die effiziente Gestaltung von Management-Prozessen. Im Zentrum stehen Modelle, Methoden und Abläufe der Problemlösung, der Willensbildung/Entscheidungsfindung, der Steuerung/Planung sowie der damit verknüpften Tätigkeiten der Informationsbeschaffung/Analysen, der Umsetzung/Implementierung und der Kontrolle. Den ehren- und hauptamtlichen Führungskräften werden präzise Gestaltungsempfehlungen zur konkreten Anwendung in der Praxis vermittelt, welche durch zahlreiche Checklisten und Abbildungen dokumentiert und anhand von Beispielen illustriert sind.

Das Buch basiert auf dem Standardwerk von Schwarz «Management in Nonprofit-Organisationen» (2. Auflage 1996, Haupt Verlag) und erweitert und vertieft das Thema «Planung». Dabei wird vielfach auf den ersten Band verwiesen, der unter dem Titel «Organisation in Nonprofit-Organisationen: Grundlagen, Strukturen» beim Haupt-Verlag erschienen ist.

⋮ Haupt   **Haupt Verlag** Bern • Stuttgart • Wien
verlag@haupt.ch • www.haupt.ch